少年读懂用对《论语》

马伟明 编著
九灵 绘

交朋友，要远离那些忠和信做得不够的人。

孔子爷爷，什么样的朋友值得交往呢？

花山文艺出版社
河北·石家庄

图书在版编目（CIP）数据

少年读懂用对《论语》/ 马伟明编著；九灵绘. -- 石家庄：花山文艺出版社，2023.11
ISBN 978-7-5511-0545-3

Ⅰ.①少… Ⅱ.①马… ②九… Ⅲ.①《论语》—青少年读物 Ⅳ.①B222.2-49

中国国家版本馆CIP数据核字（2023）第171207号

书　　名：	少年读懂用对《论语》
	Shaonian Du Dong Yong Dui Lun Yu
编　　著：	马伟明
绘　　者：	九　灵
责任编辑：	董　舸
责任校对：	杨丽英
封面设计：	廖若淞
美术编辑：	王爱芹　杨　龙
出版发行：	花山文艺出版社（邮政编码：050061）
	（河北省石家庄市友谊北大街 330号）
印　　刷：	北京世纪恒宇印刷有限公司
经　　销：	新华书店
开　　本：	700毫米×1000毫米　1/16
印　　张：	12.25
字　　数：	145千字
版　　次：	2023年11月第1版
	2023年11月第1次印刷
书　　号：	ISBN 978-7-5511-0545-3
定　　价：	48.80元

（版权所有　翻印必究·印装有误　负责调换）

给家长和孩子的话

《论语》是一本记载我国伟大思想家孔子及其弟子言行的儒家思想巨著,已经有约 2500 年历史了。那么,今天的孩子还有读它的必要吗?

答案是肯定的。

国学大师叶嘉莹曾说:"《论语》是我童年时所读的第一册启蒙读本,也是对我平生影响最大,使我受益最多的一本书。"因为《论语》中蕴藏的智慧,依然对如今生活、工作、学习中的诸多问题具有指导作用。读《论语》可以让我们拨开人生的迷雾,走出困境,受益终身。

随着孩子们年纪的增长,生活会越来越社会化,他们面临的问题也越来越多,其中最让人头疼的就是人际关系。在家里,孩子需要处理自己与家人的关系;在学校,他要处理同学间、师生间的关系;家和校园之外,他还要处理与其他人的关系……在如此复杂的人际关系中,一旦遇挫,孩子的情绪、学习和生活很可能会受到影响。

那么,应该如何教孩子处理这些错综复杂的人际关系呢?

对此，孔子早已在《论语》中做过很多论述。其实，他的学说本质上就是关于人伦关系的学说。

子曰："弟子入则孝，出则弟，谨而信，泛爱众，而亲仁。行有余力，则以学文。"这句话的意思是，孩子在家要孝顺父母，出门在外要敬爱师长，说话要谨慎，言而有信，和所有人友爱相处，亲近那些具有仁爱之心的人，等做到这些后，再去学习文化知识。

即使已经过去了两千多年，这种为人处世的道理依然可以给这个时代的孩子们提供社交、礼仪、做人的启发。因此，我们编写了《少年读懂用对〈论语〉》这本书。

在书中，我们精选了《论语》中30句论述人际关系的经典名句，用通俗易懂的话语结合孩子的现实生活场景进行讲解，再搭配轻松有趣的漫画深入巩固。这样一来，孩子们不仅能读懂《论语》，还可以用它应对生活中的问题，比如什么样的朋友可交，什么样的朋友不可交；如何交到真正的朋友；在人际交往中，哪些事能做，哪些事不能做……

《少年读懂用对〈论语〉》不仅为孩子提出了与人交往的各种建议，还给出了具体方法，让孩子站在先贤的肩膀上，解决今天的问题。

此外，通过阅读这本书，孩子还可以得到国学文化的熏陶，加深对语文知识的理解，一举多得！

目 录

- 2　朋友从远方来，是不是很快乐
- 8　学习固然重要，但是品行更为重要
- 14　交朋友，要远离忠和信做得不够的人
- 20　好朋友也不能包庇对方的错误
- 26　与其抱怨朋友不理解你，不如好好了解你的朋友
- 32　仔细观察朋友的行为，就能了解他的内心
- 38　好朋友在一起很开心，但最好不要拉帮结派
- 46　大家都喜欢和诚信之人交朋友
- 54　过去的事儿就翻篇吧
- 60　看到有人遇到危险该怎么办
- 66　比赛时拼尽全力，赛后要记得恭喜获胜者
- 72　常常与人争辩不代表口才好，反倒被人讨厌
- 80　为一点儿小事记仇，很不值得
- 86　遇到事情，多从自己身上找找原因
- 92　朋友之间相互信任，是一件美妙的事情
- 98　不要毫无理由地喜欢或者讨厌一个人
- 104　自私的人很难交到朋友
- 110　如果你觉得某个同学很棒，不妨向他学习
- 116　光嘴上说说却没有行动的人，不被人喜爱

122	懂得约束自己的行为，就会少犯错
128	到了新环境也不要担心交不到朋友
134	劝告朋友也要适可而止
140	朋友之间，要取长补短
146	朋友，也有渐渐走散的一天
152	朋友之间，要相互勉励扶持
158	盲目附和别人，交不到真正的朋友
164	要正确看待对某个人的评论
170	当别人对你不好时，要客观地分析原因
176	不要苛求他人、宽待自己
182	自己不喜欢的，也不要施加给别人

己所不欲，勿施于人。

——孔子

朋友从远方来，是不是很快乐

你知道"有朋自远方来，不亦乐乎"这句孔子爷爷的名言吗？如果朋友从远方来看你，的确是一件让人高兴的事。

孔子说了什么

子曰:"学而时习之,不亦说乎?有朋自远方来,不亦乐乎?人不知而不愠,不亦君子乎?"

——出自《论语·学而》

孔子爷爷说:"学到的东西按时去温习和练习,不也很高兴吗?有朋友从很远的地方来,不也很快乐吗?别人不了解自己,自己却不生气,不也是一位有修养的君子吗?"

再过两天，小美小时候的玩伴朦朦一家就要来北京玩了。朦朦比小美大两岁，两家是远亲，两个人小时候经常一起玩儿，感情很好。后来小美跟随父母来北京生活，两个小伙伴就分开了。不过只要一放寒、暑假，小美就会回老家，在姥姥家住上一段时间，就又可以和朦朦一起玩儿了。

终于盼来了朦朦一家到北京的日子。一大早，小美就为朦朦准备好了拖鞋、玩具，还有一箩筐要说的话。

快到中午时，小美第 N 次推开家门又关上，她失望地问妈妈："妈妈，朦朦什么时候才到啊？"

"应该快了，说不定已经进小区了。"

"没准儿已经进电梯了！"小美第 N+1 次推开家门。

这次真的看见了好朋友的身影。

"啊！"小美和朦朦同时尖叫起来，拉住手又是跳又是笑。

大人们也很开心，小美妈妈赶紧把朦朦一家请进门。不过，最开心的还是俩小伙伴。

"朦朦快来，"小美太开心了，一边给朦朦递拖鞋，一边迫不及待地说，"朦朦，我给你准备了好多惊喜呢！

"朦朦，我和妈妈去买了你喜欢吃的榴莲，真臭啊，哈哈。朦朦，你看，这是我前几天玩抓娃娃机的战利品。朦朦，喜不喜欢？"

"喜……"

"哦对了，"没等朦朦说完，小美又兴奋地说，"你想去哪儿玩儿？海洋馆、故宫、游乐园，都有意思。朦朦……"小美像倒豆子一样说个不停,别提多兴奋啦。

小美妈妈看了直笑:"终于把好朋友盼来了,瞧把你高兴的。"

小美乐呵呵地说:"那当然了!"

好朋友见面,总是格外开心,更何况这次是小美在自己家招待朦朦。两个人有说不完的话,吃饭挨着坐、走路手拉手,就连睡觉都要挤在一个被窝里。

小美不禁感叹道:"朦朦,咱们要是能一直待在一起就好了。"一想到很快又要分开,她竟有些难过起来。

"是啊,"朦朦也很不舍,不过还是安慰小美,"我们可以在视频里聊天啊。有好吃的、好玩儿的,我都给你留着。"

"嗯!"小美郑重地点点头。

"有朋自远方来,不亦乐乎",朋友从远方赶来相聚,真是一件让人快乐的事情。

能成为朋友,一定有志趣相投的地方,比如大家是同一个球队的队员,同一个兴趣班的同学,或者喜欢同一个动画片里的角色。随着交流的深入,在一起时开开心心,分开了会想念。分开后再次相见的喜悦真是太美妙了。

为了见老朋友一面,翻山越岭也值得。

千金易得，知音难求，只有朋友来了，才能听懂我的心声。

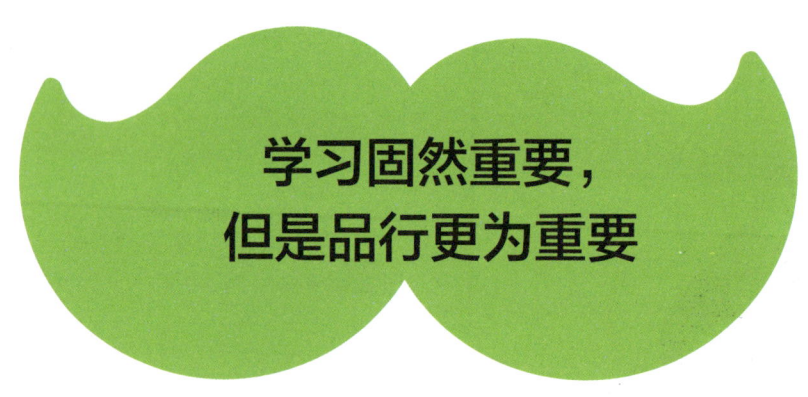

学习固然重要，但是品行更为重要

孔子爷爷说，我们应该"先做人，再做学问"。这句话该如何理解呢？

孔子说了什么

子曰："弟子入则孝，出则弟，谨而信，泛爱众，而亲仁。行有余力，则以学文。"

——出自《论语·学而》

孔子爷爷说："小孩子在父母跟前要孝顺，出门在外，要敬爱师长，说话要谨慎，言而有信，和所有人都友爱相处，亲近那些具有仁爱之心的人。这样亲身实践以后，再去学习文化知识。"

小树的心跳很快，他太期待老师能念出他的名字了。

今天是竞选班干部的日子，小树各科成绩都名列前茅，上学期期末考试，数学满分，语文和英语各99分，他觉得学习委员的位子非他莫属。

"下面我宣布，"班主任王老师看着班里的学生说道，"学习委员是——小米！大家恭喜她。"

班级里响起了热烈的掌声。只有小树，在听到小米的名字后，整个人都瘫坐在椅子上，失望极了。失望之余，还有些愤愤不平。

明明小米的成绩不如自己，为什么学习委员会是小米？

放学后，小树找到了班主任老师，他要问个明白，为什么自己会落选。

"王老师，我觉得不公平，我明明比小米的成绩更好。"小树有些委屈地说道。

"小米成绩确实比你稍微差一点点，但是老师从没有要求大家选择成绩最好的同学来当学习委员。相信我，选票是公平的。"王老师说。

"那就更不公平了，为什么不选择学习成绩更好的同学呢？"小树很诧异。

"那你有没有想过班干部的作用是为大家服务？"

"我……没想到。"

"小树，老师知道你平时学习非常努力，"王老师停顿了一下，继续说道，"可是，轮到你和其他同学值日时，你总是随便敷衍一下就去写作业了；轮到你写广播稿时，你都是随便应付一下了事。"

"这……"小树试图为自己辩解,"可是,老师,难道学习不是最重要的事情吗?"

"那你有没有听过一句话:先做人,再做学问?"老师语重心长地说道,"学习是一辈子的事情,但是,如果只顾着学习,不想着为别人分担,不顾及身边人的感受,大家是不是就会远离这个人?而且,老师选择班干部是为了让他为同学们服务的,同学们投票时自然选择那些和他们亲近、愿意为他们付出的同学呀。"

"我知道了,王老师。"小树说,"我会试着改变,融入班集体的。"

是啊,无论是2000多年前的孔子爷爷,还是今天的老师,大家都希望能培养出品行端正的学生,而不是只知埋头学习却忽视品德修养的孩子。如果只专注于学习,忽视了品德修行,身边的人也会逐渐远离你,不愿与你亲近、玩耍,甚至厌恶你。如孔子爷爷所说,先做人,再做学问。品行端正、言行合一的人,做学问也会非常认真,在学习中遇到困难时,也会有亲友师长来帮助他。这样一来,既学到了知识,也收获了友谊。

学象棋和扫地有什么关系,为什么一直让我扫地?

扫地的目的是在考验这个学生的品行,是不是有足够的耐心。

交朋友，要远离忠和信做得不够的人

大家都知道不和不忠不信之人交朋友，可如果好朋友犯了错，我们该如何做呢？

孔子说了什么

子曰:"君子不重则不威,学则不固。主忠信,无友不如己者,过则勿惮改。"

——出自《论语·学而》

孔子爷爷说:"君子,如果不庄重,就没有威严,即使读书,所学也不会牢固。君子应当注重忠义与诚信,不和在忠义和诚信上不如自己的人交朋友,有了过错,不要怕改正。"

"子涵，"放学后，小柯看着正在收拾书包的子涵说，"一起去打篮球啊？"

子涵摇摇头，说："我约了别人。"

"你是不是约了小树他们？"

"是的。"

"你约了他们，却拒绝我，我们明明关系更好！"小柯有点儿生气了。

"因为你不守信用。"

"我怎么不守信用了？"

"上次我因为家里有事，拜托你帮我值日，可是你放学后直接回家了，是小树帮我做的值日。"

"哎呀，你怎么这么小气啊，我上次也是有事嘛。"

"还有上上次，你约我周末去打球，可是你整整迟到了一个小时。"

"我，"小柯挠挠头，"我跟你解释过了啊，忘了上闹钟，我起晚了……不是故意迟到的！"

"总说不是故意的，总是这样不守信用，让我不太敢继续相信你了。"

就在这时，小树背着书包过来找子涵，于是他就跟小树一起走了。

小柯看着他们的背影陷入了沉思。

晚上回家，小柯和妈妈说起这件事："妈妈，子涵怎么不理解我呢？那两次我真是忘了，不是故意的。你说，他是不是对人要求太高了？"

"我觉得是你对自己要求太低了，"妈妈说，"昨天你答应我写作业的时候不玩儿手机,你做到了吗?"

"我……我是写作业写累了,休息一会儿嘛。"

"你看,又找借口。"

"是是是,我今天保证不玩儿了。"

"你看,你总是轻易承诺,但是承诺以后做到了吗?"妈妈停顿了一下继续说道,"我们不是说好了周末去游乐园吗?如果你本周内都认真写作业,做到不玩手机,我就兑现去游乐园的承诺。如果你没有做到,我也爽约,OK?"

"啊?好吧,妈妈。我天天盼着去游乐园,你可别爽约。"

"只要你信守承诺就好。"

第二天,小柯找到子涵,认真道了歉,并说:"子涵,前几次都是我没有守信,答应了却没有做到,还找借口,真是抱歉。希望你能原谅我。"

子涵说:"晚上,我和小树他们一起打篮球,你要一起吗?"

"太好了,"小柯说,"我保证不迟到!"

答应了朋友的事情,就一定要遵守诺言。古人说,人无信不立,意思是一个人不讲信用,就不能立足于世。到了现今也是如此,诚实守信是做人的基本原则,永远忽视不得。同样,我们交朋友时也首先要考察对方是否诚实守信,一个人哪怕学习再好,如果总是不守信用,大家也会逐渐疏远他的。

答应朋友的事，要做到。

言而无信会失去朋友。

好朋友也不能包庇对方的错误

朋友之间是应该遵守约定,但约定的内容要符合道义,而不是明知对方做错了,也要包庇对方的错误。

孔子说了什么

子曰:"君子成人之美,不成人之恶。小人反是。"

——出自《论语·颜渊》

孔子爷爷说:"君子帮助他人取得好成绩,而不是助他人做坏事。小人恰好相反。"成人之美是帮助别人取得好成绩或实现美好的愿望。相反如果帮别人干坏事,目的实现了,也不叫成人之美,而是"助纣为虐"。交朋友也是,我们要做的是帮朋友变得更好,而不是替他掩盖错误,一起犯错。

小宝遇到了一件难事，左右摇摆，不知如何是好，到底是怎么回事呢？

原来是同桌宁宁没有按时完成昨天的数学作业，而小宝是负责收数学作业的小组长。

"小宝，"宁宁看到小宝站起身要收作业本，连忙拉住小宝的手臂，低声道，"我昨天数学作业没写完，临时抄的，你一定要替我保密，不能告诉老师！"

"可是……"小宝觉得对老师撒谎不太好。

"别'可是'了，"宁宁又拽了拽小宝的袖子，"咱俩可是最好的朋友，你得替我保密！"

小宝皱着眉头，抱着作业本站在数学老师办公室门口左右为难。

他想，宁宁平时对自己不错，两人又是同桌，如果不帮她撒谎，宁宁肯定会生气的，以后两人的关系肯定就没那么好了。可是，对老师撒谎是不对的，而且，万一老师认真检查作业，就一定会发现宁宁抄作业了，到时候肯定会露馅啊。我到底该怎么办呢？

就在这时，数学老师推门走出来，看到了在门口踌躇不前的小宝，就问道："怎么愁眉苦脸的？忘了写作业？"

"啊，不是我！"

"那是谁？"

小宝看着怀里的作业本，心想，数学老师可真是火眼金睛啊，一眼就看出他愁眉苦脸的原因了！于是小宝实话实说，是同桌宁宁没写完作业。

把作业本交给老师后，小宝松了一口气，他回到教室找到宁宁，说："对不起，宁宁，我没有帮你守住秘密，但是，我……"

"小宝！"宁宁顿时就生气了。

"宁宁，我觉得跟老师撒谎是不对的。而且，老师只要看了作业本就知道你是没写完临时抄的。当然了，我没有帮你保守秘密，是我的错。"

"唉……"宁宁看到小宝沮丧的样子，仔细想想，问题在自己身上，却要好朋友道歉，确实不应该啊！她马上说："别了别了，确实是我的错，下次保证再不让你为难了！"

约定是一种契约行为，它约束我们要诚实守信，但前提是这个约定是符合道义的。帮助没写作业的同学撒谎，这种行为并不叫守信，而是一起犯错误。

当然，我们有时候碍于情面或者友谊，不好意思拒绝，但是哪怕是好朋友之间，在原则问题上，也一定要懂得勇敢地说"不"。如果放任你的朋友撒谎这并不是真正的友谊，也不是真正的守信。如果你的朋友因为你拒绝和他一起撒谎而疏远了你，也不用觉得可惜，因为真正的朋友应该是在对方做错事的时候，敢于规劝对方改正错误，和这样的人交朋友，才能共同进步。

朋友犯错误的时候要及时规劝。

如果朋友真的做错了事,就不要选择包庇,除非他做出正确的选择。

与其抱怨朋友不理解你，不如好好了解你的朋友

当朋友误会你时，你会怎么做呢？是抱怨朋友不懂你，还是想办法解释清楚呢？反过来，如果是你误会了朋友，你又会怎么做呢？

孔子说了什么

子曰:"不患人之不己知,患不知人也。"

——出自《论语·学而》

"患",意为:忧虑,担心。孔子爷爷这句话是说:"不要担心别人不了解自己,应该担心的是自己不了解别人。"

小区6号楼楼下有一个小水池。这天，小宝骑着爸爸送给他的自行车围着水池绕圈圈，嘴里还唱着"我有一头小毛驴，我从来也不骑……"，正玩儿得不亦乐乎，就听到"啪嚓""喵呜"两声响。

小宝捏住刹车停下来，扭头一看，不知谁在水池边上摆了一盆花，被一只蹿上水池的猫撞倒了，花盆碎片撒了一地，"肇事者"小猫早跑得没了影。

"哎呀，你把我家的花盆撞碎了！"这时，一个男孩子朝这边走过来。他看上去比小宝大一两岁的样子，走路时气势汹汹的，应该是气坏了："那是我最喜欢的一盆花，你赔我的花！！"

"不是我！不是我打碎的！是一只猫撞倒的，真的不是我……"小宝急得连连摆手。

"你还撒谎！猫在哪儿呢？我怎么没看到？这儿除了你再没有别人了，不是你是谁？"男孩子双手叉腰，气呼呼地说。

"真的不是我……"小宝急得快哭了。

路过的邻居都围了过来。"哎，小宝，你怎么这么不小心呢？"这时，小宝的朋友正焕从人堆里挤了出来。

"正焕，你来得正好，这花盆真不是我打碎的。"小宝见了正焕就像看到救星一样，眼前一亮。

"哥哥，我认识这个小孩，你先留下他的自行车，这样他就跑不了了，我去叫他家长过来赔你钱。"看到男孩子誓不罢休的样子，正焕眼珠滴溜溜一转，正色说道。

"哎，正焕你……你怎么这样？你还是我朋友吗？"小宝气得直跳脚。

"那你快去吧！"小男孩紧紧地抓住了小宝的自行车。

"你……我怎么会有你这种朋友？！"小宝气得直咬牙，根本没有注意到正焕不停地冲他使眼色。

不一会儿，正焕却带着小区物业的人回来了。原来他假装去叫小宝家长，实际是去物业调监控了。物业工作人员通过查看监控，证实了花盆的确是被一只猫打碎的，小宝只是刚好在附近而已。男孩子听了以后，知道是自己误会了小宝，赶紧松开小宝的自行车，不好意思地说："是我冤枉你了，对不起……"

小宝的心里很委屈，但还是很大度地说道："没关系，误会解除就好。"

与此同时，小宝也明白自己错怪了好朋友，脸一下就红了，他赶紧向正焕道歉："谢谢你，正焕！我错怪你了。"

没有充足的沟通与了解，即使是朋友之间，也很容易造成误会。

被人误会不可怕，可以找一个合适的时机跟朋友解释清楚。

如果误会了朋友，一定要及时道歉。

与人交往就难免有误会发生，不要冲动地发脾气或者轻易下结论。给自己和朋友留一点儿缓冲的时间，再选择恰当的时机沟通，这才是消除误会行之有效的好办法。

哥哥，我认识这个小孩，你先留下他的自行车，这样他就跑不了了，我去叫他家长过来赔你钱。

没有充足的沟通与了解,即使是朋友之间,也很容易造成误会。

产生误会不可怕，可以找一个合适的时机跟朋友解释清楚。

仔细观察朋友的行为，就能了解他的内心

你了解你的朋友吗？交朋友不能光看表面，要观察他做的事情，才能更准确地判断他的为人。

让我看看，选谁来当搭档……

孔子说了什么

子曰:"视其所以,观其所由,察其所安,人焉廋哉?人焉廋哉?"

——出自《论语·为政》

廋(sōu),意为:隐藏,隐蔽。孔子爷爷这句话是说:"看一个人的所作所为,考察他处事的动机,再了解他喜欢干什么事情,那么,这个人的内心怎能隐藏得了呢?"

"同学们，静一静！"老师走上讲台，敲了敲黑板。很快，嘈杂的教室变得鸦雀无声。

"今天，我们要选一名班委，协助老师处理各种班级事务。"说完，老师转身在黑板上写了几个字："生活委员"。

"老师，生活委员都需要干些什么呢？"坐在第一排的小峰举手问道。

"生活委员，具体来说，就是负责收集班费、统计支出等具体事务，有时候还要帮助老师组织大家去博物馆等地方参观。"老师说，"总之，是一个非常重要的角色呢。"

"噢，我明白了，就是咱们班的大管家！"天天俏皮地回了一句。

"哈哈，也可以这样理解，所以说，大家一定要选出一名心细、有耐心、有责任心的同学。"老师双手按在讲台上，继续说道，"好了，现在大家开始讨论，15分钟后开始投票。"

同学们三五成群，这儿一堆那儿一堆的，讨论得热火朝天。

很快，15分钟过去了。同学们开始依次投票。不一会儿，班长便将结果统计出来了。小树同学获得了全班3/4的票数，遥遥领先于其他几名候选人。

"哇，看来小树同学人气很高啊！"老师拿着票数名单笑盈盈地说，"这样吧，大家都来说一说选小树的理由。"

"我先来。小树的铅笔盒里贴着一张小纸条，上面写着'助人为快乐之本'，"珊珊站起来说，"这句话是小树的座右铭，他也一直是这么做的。"

"没错，"旁边的赫赫接着说道，"大家遇到困难的时候，经常会找小树，他鬼点子……哦，是主意多，人又热心，找他准没错。"

"还有啊，那天小新和童童因为一道题争了起来，还是小树从中调解的呢。"坐在第三排的天天说道。

"小树书包里有一个小记事本，上面记录着他每个月零花钱的支出，每一条都记得清清楚楚，所以啊，我看好他当生活委员。"小峰见缝插了一句。

"嘿嘿，你们夸得我都不好意思了。"这时，小树也站了起来，不好意思地挠了挠头。

"小树同学，大家的眼睛是雪亮的。生活委员就是你了，加油！"老师笑呵呵地说。

"好，我绝不辜负老师和同学们对我的期望！"小树坚定地点了点头。

教室里响起了一片热烈的掌声。

经过一段时间的检验，小树将班级事务打理得井井有条，大家都对他交口称赞。

如何深入了解一个人呢？凭第一印象是不行的，道听途说更是不可信的，正确的方法是多了解对方。了解他的言论，观察他做事的方式方法。

像小树这样的伙伴，是值得靠近，值得交往的。

只有通过观察对方平时的行为，才能了解对方是不是合适成为自己的搭档。

通过不断观察不同人的做事方法,最后一定能找到合得来的朋友。

好朋友在一起很开心，但最好不要拉帮结派

当你和朋友们玩得正开心时，别人想要加入你们，你会如何选择？是举双手欢迎，还是当场拒绝？又或者是心生不满，不喜欢被打扰呢？

> 糖豆，我不想和你分开，咱俩晚上一定要住一个冰屋，好说点儿悄悄话。

> 那当然，我们是最最好的朋友。

孔子说了什么

子曰:"君子周而不比,小人比而不周。"

——出自《论语·为政》

孔子爷爷说:"德行高尚的人以正道广泛交友但不互相勾结,品格卑下的人互相勾结却不顾道义。"

"丁零零——"下课铃声响了。

"苗苗，物业给你们家分配了什么任务呀？"珊珊合上课本，凑到苗苗跟前问道。

"抽签那天是我妈妈去的，抽中了一个参加消防演练的任务，"苗苗兴奋地说，"我们一家三口都要去，我爸爸这两天正在恶补消防知识呢！你呢，小妍？"

"唉，别提了！我爸抽了一个'工作人员'的签，要在小区里帮忙挂条幅、搭舞台，我只能跟在他屁股后面打打下手了。"一旁的小妍叹了口气。

"哈哈，那你就当好观众就行了。对了，听说今晚小区广场上还要放电影呢，片名叫《消防英雄》。"苗苗手舞足蹈地说道。

"哇，太棒了，我……"珊珊的话还没说完，坐在后边的琳琳探着身子好奇地问："你们在聊什么呢？怎么还要去物业领任务呢？"

"我们小区……"苗苗刚要回答，珊珊却伸手拍了她一下，然后不耐烦地说，"哎呀，你跟我们又不是一个小区的，跟你解释也没用！"

"呃……"琳琳尴尬地止住了话头。

"走吧，咱们打水去。"珊珊站起身招呼苗苗和小妍。

"珊珊……"苗苗有些犹豫，看了一眼琳琳。

"哎呀，别磨蹭了，走吧走吧。"苗苗还没来得及说什么，便被珊珊拉着和小妍走出了教室，只剩下琳琳一个人尴尬地站在原地。

原来，苗苗和珊珊还有小妍住在同一个小区。现在是11月，每年的11月是全国消防宣传月，小区物业为了让大家充分认识到电瓶车上楼充电、楼道堆放杂物等行为所带来的巨大危害，便趁此机会搞一场消防知识大宣讲的活动，号召小区居民踊跃参与，活动内容丰富多彩，有书法漫画展、小品相声、消防演练等，大家参与的热情十分高涨。而琳琳住在另外一个比较远的小区，自然对苗苗她们所说的事情一无所知了。

学校水房里。

"珊珊，刚才咱们做得是不是有点儿过分了？"苗苗有点儿担心地说。

"咱们做什么了？"珊珊赌气似的回了一句。

"琳琳不过是想问问咱们在聊什么，可是你好像很排斥她。"

"她本来就不住咱们小区，这些活动跟她也没什么关系啊，还要费半天口舌跟她解释……"珊珊噘着嘴说道。

"琳琳是跟咱们不住同一个小区，可是她出于好奇参与我们的话题，这样回答她是不是不太礼貌啊？"

"我……"珊珊一时语塞，她也意识到刚才自己的行为有些不妥当了。

"我看咱们还是回去跟琳琳道个歉吧。"半天没说话的小妍插了一句。

"那……好吧。"珊珊犹豫了一下，不过还是跟着苗苗和小妍回到了教室。

进了教室，看到琳琳一个人默默地坐在座位上，珊珊一下子内疚了起来。

"琳琳，对不起，刚才我不应该用那种口气跟你说话，我向你道歉。"珊珊走上前去拉着琳琳的手真诚地说道。

"啊，没事没事……"琳琳赶紧站起来，摆手说道。

"哎，我有个主意，小区晚上不是要放电影吗？我们可以邀请琳琳一起去看啊，顺便带琳琳看看小区布置的活动现场。"苗苗灵机一动。

"好主意！"

"就这么愉快地决定了！"

有时候，一些同学会因为兴趣爱好、个性等原因自发地形成小圈子。如果这个小圈子出于学习小组等原因成立，大家相互之间能督促学习，不是坏事。但是过于在意小团体彼此关系的维系，拒绝其他人的加入，甚至排斥其他人，就会产生隔阂，甚至拉帮结派，到最后反倒变成无意义的争斗，不利于学习和交友。

此外，我们在生活中，应该放宽自己的眼界和心胸，学会包容，接受更多的新鲜事物和新朋友，这样才更有利于成长。

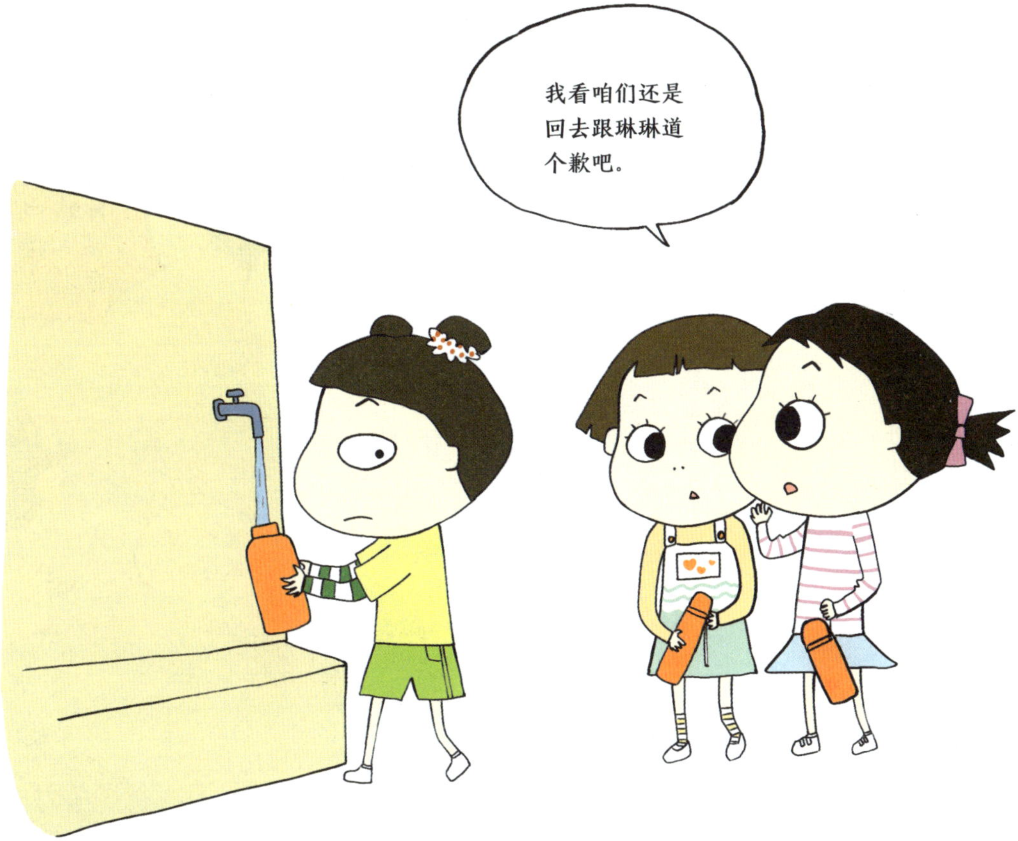
我看咱们还是回去跟琳琳道个歉吧。

小乖，我要和欢欢住在一个冰屋里，你去找其他冰屋住吧。

可是老师已经分好了……

今天的猎虾活动，改成我和小乖一组，欢欢和糖豆一组。

这不公平。老师您一定很厉害，我和糖豆肯定会输的。

小乖，我和糖豆一起烤鱼就可以了，你去别的小组吧。

可老师说我们是一个小组的。

是啊，这不公平。

朋友之间拉帮结派，只会造成无意义的争斗。

我本来是打算让你们三个合作的,但是欢欢、糖豆你俩明显不愿意和小乖合作啊!

我们……

如果参加训练还只和自己熟悉的朋友一起玩儿,那还有什么意义呢?我希望你们能在这里交到更多新朋友。

小乖,没想到你还是猎虾高手!

多一个伙伴,我们可以干更多事情了。

放宽心态,接受新朋友,团结友爱才能进步。

大家都喜欢和诚信之人交朋友

说到就要做到，我相信这个道理大家都懂。不过，如果在履行诺言的过程中发生了一些难办的事，你还会继续坚持下去吗？

驼鸟应该不会故意送我一个坏掉的玩偶，这里面一定是有什么误会。

孔子说了什么

子曰:"人而无信,不知其可也。大车无輗,小车无軏,其何以行之哉?"

——出自《论语·为政》

輗(ní),意为:大车辕和车辕前横木相接的木销子。軏(yuè),意为:马车辕前横木两端的木销子。孔子爷爷说:"一个人如果不讲信用,真不知他能干什么。就像大车的横木两头没有木销子,马车的横木两头少了销钉一样,这样怎么能行驶呢?"

班里转来一名叫子涵的同学，由于刚换新环境，他和同学们还不是很熟悉，所以显得很孤独。

"阿伦，快点儿，要不一会儿图书馆关门了！"小树胡乱地把课本塞到书包里，边收拾边催促还在奋笔疾书的阿伦。

"马上就好！"阿伦写完最后一笔，赶紧跳起来收拾东西，他顺口问了一句，"小树，老师让咱们去图书馆还多少本书？"

"我没细数，不过看样子大概有五六十本吧。"小树头也没抬地回答道。

"那咱们既背书包又抱书，哪儿拿得动啊？"

"你不说我还没想到这个，那怎么办啊？"小树也停了下来。

"要不咱们把书包留在教室，送完书再回来取怎么样？"阿伦想了个办法。

"可是已经放学了，教室门一会儿就锁了。"小树皱了皱眉头。

"交给我好了！我拿着书包在教室门口等你们。"旁边响起了一个声音。

阿伦回头一看，原来是还没走的子涵。

"这样合适吗？"阿伦看了看小树。

"也行！子涵，那就拜托你了。阿伦，我们快去快回！"小树笑着对子涵道了声谢，然后拉着阿伦跑出了教室。

"太好了！任务完成！"小树蹦蹦跳跳地走出图书馆，身后的阿伦不停地揉胳膊，小树对阿伦说，"阿伦，你该加强锻炼啦！就这么一段路，瞧把你累的。"

"哈哈，明天就锻炼，"阿伦嘿嘿一笑，突然，他指着远处，"哎，小树，你看那边！"

小树顺着阿伦手指的方向看去，原来有很多人正在操场上排练节目。

"走，过去看看！"小树拽着阿伦的胳膊朝操场跑去。

两个人一路小跑着冲向了操场。原来是高年级的同学们为了迎接教师节正在加紧排练呢。阿伦和小树走过去听了一首老有人跑调的大合唱，笑得都直不起腰来。

一转眼，天渐渐黑了，大家结束了排练，收拾东西准备回家。阿伦和小树也嘻嘻哈哈地随着其他人往校外走。

快走到校门口时，小树猛地一拍脑门："糟了！"

"怎么了？"阿伦被吓了一大跳。

"书包！子涵！"小树一拍大腿，掉头就往回跑。

"哎，小树，都这么晚了，我看子涵肯定回家了，他又不是傻子，总不会还在教室门口等咱们吧？"阿伦紧跟着小树，边跑边喊。

"不管怎样，我们都回去看看！"小树头也不回地继续朝教学楼跑去。

"噔噔噔噔……"两个人气喘吁吁地跑上楼。只见空荡荡的走廊里，只有子涵一个人，正靠着窗台看书呢，身边就摆着他俩的书包。

"你们回来啦！"子涵听到声响抬头一看，笑着说道。

"子涵，真是对不起，刚才在操场看到有排练活动，我俩看得入了迷，就把你给忘了。"小树涨红了脸，感动地说道。

"没关系，我正好预习一下明天的课文！"子涵摆摆手，笑着说。

"都这么晚了，你怎么还等我们呢？我以为你已经回家啦！"阿伦也不好意思地说道。

"怎么会呢？我答应留在这儿帮你们看书包，就一定会等你们回来的，说话要算数嘛！"子涵笑着说，"那咱们回家吧！"

"好嘞！今天真是太谢谢你了，子涵！"

"哈哈，别客气啦！"

我们中国有一句老话叫：一言既出，驷马难追。自古以来，诚信便是人类最基本的美德。如果感觉自己做不到，就不要轻易承诺别人。既然答应了别人，哪怕中间出现一些变故或者小插曲，也要信守诺言，做一个"言必信，行必果"的诚信之人，这样才会赢得别人的信赖与尊重。反之，那些言而无信的人，经常信口开河，是得不到大家的信任的，同时也交不到多少朋友。

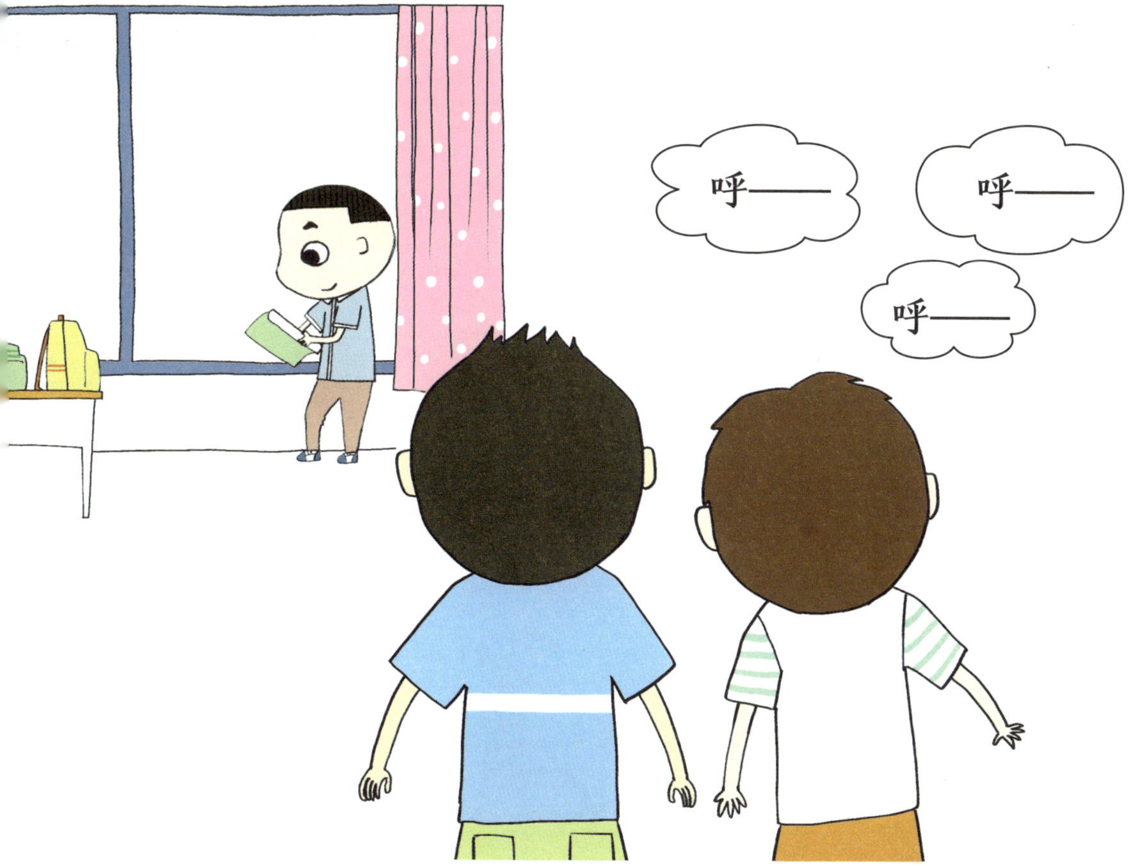
呼——
呼——
呼——

答应了朋友的事，不能因为一些小插曲而反悔。

第二天

哇,你真的带来了,谢谢你,小象!

小豹,我又忘拿了,可不是不想借给你啊!

没关系,小象已经把书借给我了。

答应你的事情当然要做到啦。

哈哈哈,这本书太有意思了,我也给你带了一本漫画书,特别好看!

唉,我应该信守承诺的。

是啊,画得太棒了!我很喜欢。

朋友之间要互相信守承诺。

过去的事儿就翻篇吧

发生了一件令人懊恼的事之后,你会被负面情绪困扰很长时间吗?还是能很快调整好心态继续出发呢?

第一届摔跤大赛

嘿,你是赢不了我的。

我对自己,也没什么信心。

孔子说了什么

哀公问社于宰我，宰我对曰："夏后氏以松，殷人以柏，周人以栗，曰使民战栗。"子闻之，曰："成事不说，遂事不谏，既往不咎。"

——出自《论语·八佾》

鲁哀公问宰我，做土地神的神位应该用什么木料。宰我回答说："夏朝用的是松木，商朝用的是柏木，西周用的是栗木，目的是使人畏惧。"孔子听到这些话，告诫宰我说："已经过去的事不必再提，已经完成的事多说无益，以往的过错也不要再追究了。"

"豆丁，你来回答一下这道题。豆丁？"数学老师提高音量又叫了一遍。

"豆丁，豆丁，老师叫你呢！"一旁的朦朦悄悄推了推心不在焉的豆丁，低声说道。

"啊，什么？"豆丁这才回过神来，赶忙站起来。不过他一直在走神，根本就没注意老师讲到哪儿了。

"集中注意力，认真听讲！坐下吧。"数学老师瞪了豆丁一眼。

豆丁满脸通红地坐了下来。

"你怎么啦？没睡好吗？"朦朦悄悄问他。豆丁把头扭到一边，什么也没说。看到豆丁的反应，朦朦有些不知所措起来。

豆丁到底怎么了？

原来啊，前几天期中考试，豆丁在做数学卷子时在一道不会的题目上浪费了很多时间，等他反应过来的时候考试时间已经所剩无几，而卷面上还有一半的题目没作答。豆丁一下子急出了一脑门汗，赶紧争分夺秒去写后面的题，谁知越着急越出错，他的大脑变得一片空白，就连平时很简单的题目都做不出来了。直到考试结束，他的卷子还空了一大片，最后连怎么走出考场的他都不记得了。

豆丁把这件事告诉了同桌朦朦，可谁知，朦朦听后竟然大笑起来："豆丁，紧张到连题都没做完，这不是你的风格啊。"说完，朦朦就被其他同学叫走了。

考试的失利和好友无心的嘲笑，像一块沉重的大石头压在了豆丁心上。从那时起，他就感觉心里总是很堵，都不能畅快呼吸了。

一连好几天，豆丁吃不好睡不好，晚上还经常做噩梦，梦里不是在做同一张数学卷子，就是被朦朦嘲笑，被全班同学嘲笑。

妈妈察觉到了豆丁的异样。一天晚上，妈妈问他最近是不是出了什么事，豆丁便一五一十地将事情原委告诉了妈妈。

听了豆丁的话，妈妈说："一次考试失利并不能代表什么，而且事情已经发生，再懊悔也没有用，它只会让你情绪低落，影响正常的学习生活。你现在应该做的就是正视这次失误，然后在下一次注意。至于朦朦，这几天她有没有再提起你没做完数学题的事呢？如果没有，可能她那天是无心说的。不如你明天把心里的感受直接告诉朦朦，让她以后不要再嘲笑你了。"

听了妈妈的话，豆丁感到心头的大石块一下就被搬开，不再压得他喘不过气了。

在生活中，我们要学会"让一些事情过去"；如果过不去，就会变成负担，不仅于事无补，还会把自己压垮。

当然，如果是自己的原因没有做好，反思是十分有必要的。反思过后，总结教训，放下负担，把过去的事情翻篇，轻装上阵，我们才会更好地成长。

一次考试失利并不代表什么，而且事情已经发生，再懊悔也没有用，它只会让你情绪低落，影响正常的学习生活。

朋友之间不要斤斤计较。

过去的事翻篇了,依然是好朋友。

看到有人遇到危险该怎么办

当发现别人遇到危险时，我相信你一定会伸出援手。不过，帮助别人一定要讲究方式方法，切不可蛮干。

哈哈……

可恶的狐狸！我该怎么帮帮小乌龟呢？

孔子说了什么

子曰:"见义不为,无勇也。"

——出自《论语·为政》

孔子爷爷这句话是说:"遇到合乎正义的事而不去做,那是没有勇气。"

"咦，这电梯怎么了？坏了吗？"刚放学回家的小树走进单元门，摁了摁电梯按钮，显示屏上黑乎乎一片，一点儿反应也没有。"真倒霉，真是'屋漏偏逢连夜雨'，唉，爬楼梯吧！"一想到要爬15层楼，小树便感到十分沮丧。

小树正准备转身，突然背后传来一个隐隐约约的声音："……有人吗？外面有没有人？"小树顿时停下了脚步，他支棱起耳朵仔细听了一下，什么声音也没有。然而就在小树准备朝楼梯间走去时，那个声音又出现了："有没有人啊？"

小树一下子精神了，他转身跑了回去，左右看了看，确定那个声音是从电梯门里传出来的，他拍了拍电梯门，然后把耳朵贴上去仔细听了听，果然听到了一个断断续续的声音在求救。

"有人被困在电梯里了！"小树立刻反应过来，他下意识地伸手按了按电梯按钮，还是没反应。小树急得直搓手，突然他想起了自己有电话手表，一拍脑门，赶紧给小区物业打了电话。

物业工作人员听到消息后表示马上联系维修人员，让他们赶过来。

此时，小树怦怦乱跳的心才稍微安定了一些，他转念一想，那个声音听起来像是个小孩子，这会儿他一个人困在电梯里一定非常害怕。

小树便沿着楼梯间一层一层地开始寻找。每到一层，他就趴在电梯门缝上喊话，然后根据声音的大小来确定被困小孩的具体位置。就这样，小树一层一层地找，终于在第六层停了下来。

"喂，你叫什么名字？今年几岁啦？"小树蹲在电梯门口对里边喊道。

"我叫贝贝，今年7岁。我在楼下玩后想回家，进了电梯没一会儿就突然停了，电梯按钮也都不灵，我好害怕……"贝贝的声音听起来有点儿虚弱。

"别怕，我已经通知物业了，他们马上就到，这儿有我陪着你呢。"小树安慰贝贝。这时，小树身后传来一阵匆匆的脚步声还有嘈杂的人声，原来是物业工作人员和电梯维修人员赶到了，贝贝的家人神色焦急地跑在最后面。

电梯门很快被打开，一位叔叔将贝贝抱了出来，贝贝妈妈赶紧将贝贝抱在怀里安慰着。

在现实生活中，如果发现别人遇到危险，我们也可以像小树这样，助人为乐，但是首先应当沉着冷静，根据实际情况判断是否要伸出援手。超出自己能力范围的时候，应该及时向外界求援，就像故事中的小树，拨打求救电话以及迅速寻找贝贝的位置，极大地缩短了营救时间，这便是小树的机敏之处。同时，在等待救援的过程中，小树一直在陪着贝贝，也说明了他是一个充满爱心的孩子，他的做法很值得大家学习。

见到有人欺负弱小，不要视而不见。

在保护好自己的前提下，伸出援手。

比赛时拼尽全力，赛后要记得恭喜获胜者

在孔子爷爷看来，只有充分尊重对手，公平、公正地参与竞争，才能体现我们自身的修养与境界，才是真正地提高自己。

孔子说了什么

子曰:"君子无所争,必也射乎!揖让而升,下而饮。其争也君子。"

——出自《论语·八佾》

孔子爷爷说:"君子不必与人争抢什么。如果有,那一定是比射箭了。比赛时,相互拱手谦让之后上场。射完后,登堂喝酒。这是一种君子之争。"

运动会4×100米接力赛正式开始了。A、B两组的前两名选手实力不分伯仲，几乎同时将接力棒传递给了各自小组的第三名队员。而小树和冬冬分别作为A组与B组的第四棒，也是至关重要的最后一棒，两人各自做好了准备，蓄势待发。

突然，小树的前一棒小峰一不小心被跑道上的石块绊倒了！全场发出了一片惊呼声。等待接棒的小树心里"咯噔"一下：这下糟了！

"哎呀！完了，A组输定了，我看小树这第四棒也别跑了，跑也是输，不跑还是输。"场边的同学们议论纷纷。

站在相邻跑道上等待接棒的冬冬也是一脸紧张，他看向旁边的小树。小树也十分紧张，不过他看起来并没有要放弃的意思。冬冬决定接棒以后先等一等，他要和小树一起出发跑最后一棒。冬冬扭过头对小树悄悄地说了他的想法，不料却被小树一脸严肃地拒绝了。

"不行！这是比赛！怎么能让呢？如果你因为等我而输了比赛，我们组岂不是胜之不武？这样的胜利我情愿不要。"小树谢绝了冬冬的好意，"而且，你不光不能等我，接棒以后你还要全力以赴！"

"好！我明白了。你加油！"冬冬听了小树的话，认真点了点头。这时，接力棒也递了过来，冬冬接棒之后，看了一眼小树，便像离弦的箭一般冲了出去。

远处的小峰忍痛爬了起来继续完成比赛，场外的同学们纷纷为他加油。终于，接力棒交到了小树的手中。

"好样的，小峰！剩下的就交给我了！"小树头也不回，快速朝冬冬的身影追了过去。

"加油！小树加油！小树加油！"

"快跑！冬冬！加油冬冬！"

场外的同学们纷纷为两人加油鼓劲儿。

小树拼命地跑啊跑，与冬冬之间的差距越来越小，不过由于他起步太晚，最终还是冬冬率先冲过了终点线。观众席上传来了一阵欢呼声。

"好样的，小树！"冬冬走到小树身旁，冲他竖起了大拇指。

"哈哈，恭喜你，冬冬，祝贺你们赢了接力赛！"小树笑着说。

竞技体育的目标是追求更快、更高、更强，但不论最终比赛成绩如何，只要敢于战胜自我、超越自我，就是一种胜利。而在这个过程中，全力以赴去比赛，既是对对手的尊重，同时也是对自己最大的尊重。就像故事里的小树，虽然输了比赛，但他赢得了同学们的掌声，虽败犹荣。而且，输掉比赛之后还能发自内心地向获胜者送上祝福，这种豁达与大度就是我们常说的"友谊第一，比赛第二"。

不行！这是比赛！怎么能让呢？如果你因为等我而输了比赛，我们组岂不是胜之不武？

比赛和友谊并不冲突。

努力赢得比赛，是对对手的一种尊重。

常常与人争辩不代表口才好，反倒被人讨厌

当发现和别人意见不一致时，你会不会想办法证明自己的观点是对的？那你知道如何正确地表达观点吗？显然，依靠口才去说服对方并不会经常有效。

> 你怎么整天叽叽喳喳叫个不停？

> 我不是叽叽喳喳，我这是善辩！

孔子说了什么

或曰:"雍也仁而不佞。"子曰:"焉用佞?御人以口给,屡憎于人。不知其仁,焉用佞?"

——出自《论语·公冶长》

有人说:"冉雍这个人很有仁德,却没有口才。"孔子说:"何必要有口才呢?伶牙俐齿地同别人争辩,常常被人讨厌。我不知道他是否称得上仁,但为什么要有口才呢?"

（2）班有个同学叫常小宝，不过大家都叫他"常有理"。这是为什么呢？

原来，常小宝特别爱迟到，迟到的理由还千奇百怪，今天是堵车了，明天是公交车坏路上了，后天又是闹肚子……总之，他的理由特别多，问的时候他还十分理直气壮，老师批评他一次，能管用几天，过几天还犯。

这天，刚下数学课，教室里闹哄哄的。

"你这儿不对！肯定算错了！"

"哪儿呢？结果错了还是步骤错了？"

原来是常小宝正跟同学姗姗争辩一道数学题呢。

"你看，你的解题步骤少了好几步呢，肯定错了！"常小宝扫了一眼姗姗的习题本，把脑袋一扬，十分肯定地说道。

"没错啊，"姗姗低头又认真算了一遍，"结果也没错啊。"

"嗐，说不定你是'瞎猫碰上死耗子'，凑巧碰上正确答案了呗。"常小宝扬扬得意地说道。

"小宝，姗姗没算错，她是用了一个公式，所以解题步骤就少了，人家的思路比你的算法简捷多了！"一旁的小美看了一阵儿，指出了二人争论的重点。

"我看看。"常小宝狐疑地拿过姗姗的本子，装模作样地翻了两下，"哪有什么公式？我看她就是凑巧算对了而已！"说完，他把姗姗的本子一合扔在了桌子上。

"你都没仔细看！"小美气呼呼地说道。

"不用看了，再看也没用，少了那么多步骤，弄得别人都看不懂了！我的步骤这么完整，绝对是正确答案！"不等别人说话，常小宝"哼"了一声，推开椅子大摇大摆地走了，留下小美和姗姗面面相觑。

放学了，同学们开始收拾书包准备回家了，小石头还在埋头写作业。

"你怎么还不收拾书包啊？"常小宝大声问小石头，"回家不积极，思想有问题。"

"写完这个句子就收拾。"小石头边说边写。

"我看你就别费劲了，多写一个句子能怎么样啊？回了家还不是要继续写？"常小宝继续大声说。

"那也应该把手头的事情做完再说。"不等常小宝搭话，小石头便扭头问旁边的珊珊，"姗姗，小熊的英文单词怎么拼呢？"

"来来来，我来教你！"常小宝又来凑热闹了，"听着啊，b-e-e-r。"

"哎，不对吧？"姗姗听了，皱着眉头说道，"我怎么记得是 b-e-a-r 呢？"

"哎呀，姗姗你肯定记错了。小石头，听我的，没错。"常小宝十分肯定地对小石头说。

"我明明记得是 a，不是 e 呀，我来查查。"姗姗还是相信自己的判断，认真翻查着词典，"你看，词典里果然是 b-e-a-r。"

"这下，'常有理'也变'常没理'了，哈哈哈。"不知谁在角落里开了个玩笑，大家都跟着笑了起来。

"我……真的是我记错了啊。"常小宝尴尬地低下头，小声嘀咕着，

"看来以后还得多查证才行啊！"

这天课间，常小宝从外面走进教室，他发现小峰跟几个同学围在一起不知道在干什么，便走过去瞧一瞧。

没等他走过去，突然有人喊了句："'常有理'来啦！"

"别再叫小宝'常有理'了，他现在可不是无理也要辩三分的讨厌鬼了。"小峰说。

"嘿嘿，我以前以为爱争辩是口才好的表现，"常小宝挠挠头说，"结果不知不觉变成了不受欢迎的人。"

当我们和别人意见不一致时，每个人都有捍卫自己观点的权利，都可以想办法证明自己的观点是对的，但是不能像常小宝那样有理没理都要辩上三分，这样做只会引起别人的反感。辩论本身并没有错，不过要注意你的观点是否有依据。而且，辩论和争辩也有很大区别。正所谓"有理不在声高"，有理有据的辩论才能让人信服，声音再大也没有用的。

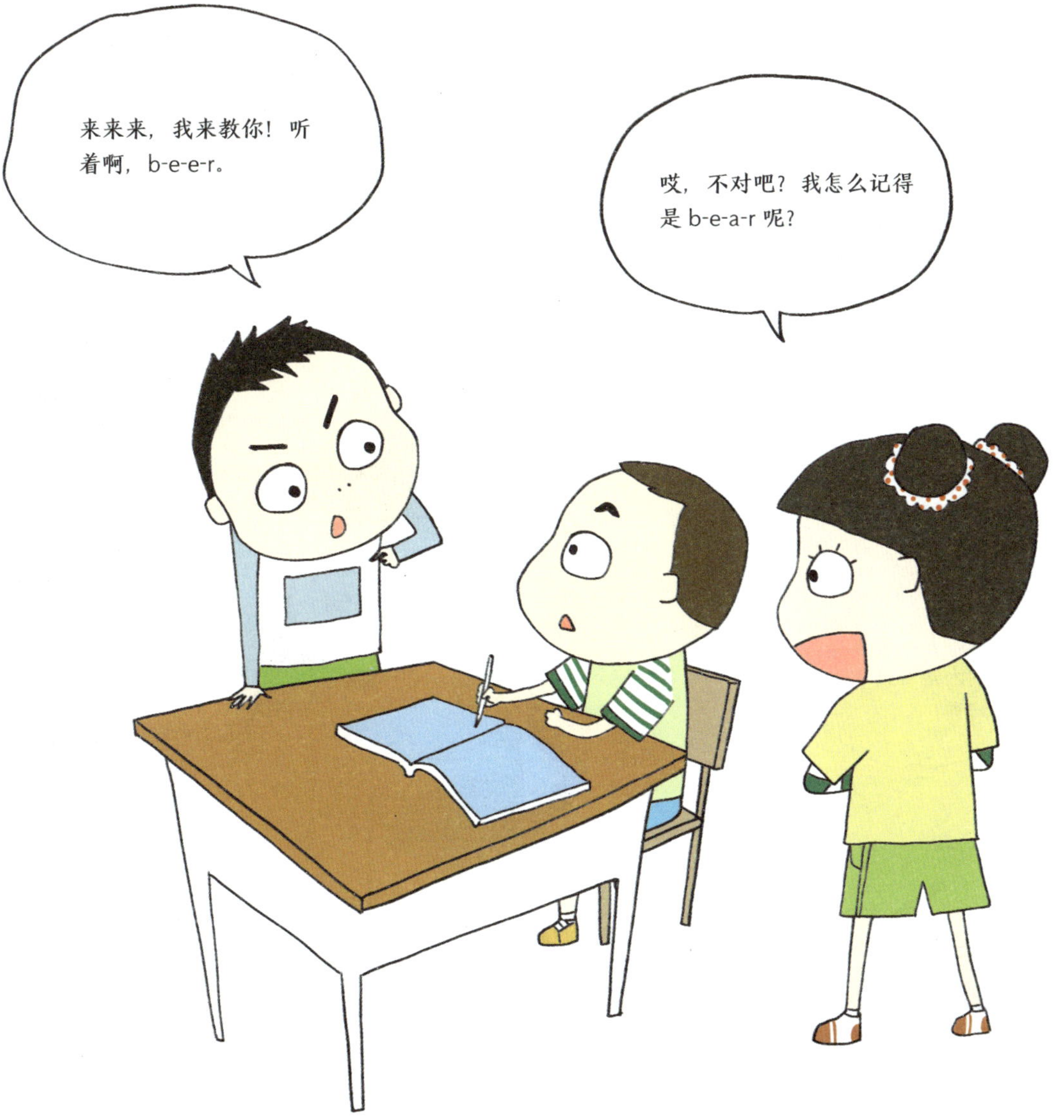
来来来，我来教你！听着啊，b-e-e-r。
哎，不对吧？我怎么记得是 b-e-a-r 呢？

我的声音这么好听，又能说会道，"口才达人"的称号非我莫属啦！

口才达人

你这是在睡觉？简直太奇怪了。要么两只眼睛都睁开，看得清楚；要么两只眼睛都闭上，让眼睛充分休息。你可倒好，睁一只闭一只，眼睛多累啊。

安静，安静！你吵到我睡觉啦！

不过，怎么才能让别人知道我口才好呢？

有啦！

口才和争辩不是一回事。

小乌龟呀，你整天缩在壳里也不是办法啊！世界上躲避敌人的最好办法就是逃跑，你快学吧。

你别劝我了，我就是喜欢缩起来。

你别走呀，我还没说完呢，光吃萝卜和菜叶子太没营养，你要多吃肉，肉里有丰富的蛋白质……

你是唐僧鸟吗？！烦死了。

无理也要辩三分，我看你更像"叽叽喳喳达人"。

哈哈哈，"叽叽喳喳达人"……

好吧……我改！你们别笑了……

常和人发生无意义的争辩，只会惹人厌烦。

为一点儿小事记仇，很不值得

朋友之间难免有些磕碰甚至吵架之类的事情，如果为一点儿小事记仇，很不值得，毕竟人无完人，还是要懂得原谅和包容。

就是你，乱闯我的菜地，害我损失了好几根胡萝卜！

别记仇了，我今天是来邀请你去我家吃饭的，胡萝卜管够！

孔子说了什么

子曰:"伯夷、叔齐不念旧恶,怨是用希。"

——出自《论语·公冶长》

孔子爷爷说:"伯夷、叔齐这两兄弟不记旧仇,因此别人对他们的怨恨很少。"

芊芊和晓晴是好朋友，两家离得近，经常一起坐校车回家。可今天放学后，晓晴却没等芊芊，和别人一起上了车。芊芊上车后，看到晓晴叽叽喳喳地和别人说话，便有点儿不高兴。不过，她仔细一想，两个人是好朋友，应该问清楚，不应该生闷气。

下了校车后，芊芊及时喊住要独自回家的晓晴。

晓晴不情不愿地停下了脚步，也不吭声。

"是不是因为昨天我把你送的圆珠笔借给同桌，你生气了？"

"我才没有那么小气！"

"那是为什么啊？"

"你自己想。"

芊芊拽了拽晓晴的衣袖："哎呀，你就告诉我吧。我们不是最好的朋友吗？"

"今天是我的生日啊，你又忘记了……去年你就忘记了！"

"啊？"芊芊也很惊讶，一拍自己脑袋说，"哎呀，我真是糊涂虫。"

"哼，就知道你又忘了！"

"对不起呀，我又给忘了。不过，不许记仇啊。去年我给你补了生日礼物的。"

"谁记仇了？"

"你瞧你还记得，这还不是记仇？"

"可是……我都记得你生日的。"

"对不起啊！"芊芊停住脚步说，"其实，我前几天就买了礼物，可我忘了是今天……礼物还在家里呢。"

"真的吗？"晓晴问道。

"当然是真的。"芊芊挽住晓晴的胳膊说，"跟我回家吧，去拿礼物。不过，不许记仇了，忘记忘记。"

"好好好，忘记忘记。"晓晴说，"不过，我得先回家，爸爸妈妈还在等我回去过生日呢。"

"对哦，"芊芊说，"你还是先回家。反正我们两家这么近，等会儿我吃完饭就去找你。"

"不许忘了啊。"

"不会的，不会的。"

晚饭后，晓晴收到了芊芊送来的一本刚上市不久的绘本书。

与人交往难免会发生磕磕碰碰，甚至有闹别扭或者吵架的时候，如果不是有关原则性的大事，我们还是应该尽量包容一些，过去的事儿不要总是记挂着。如果和朋友发生了误会，也要及时沟通，解开误会才好。如果芊芊觉得晓晴爱记仇，任由晓晴独自回家，说不定两个人就慢慢疏远了。

和同学相处，不斤斤计较，落落大方，诚实守信，就一定能交到更多朋友。

嗯，怎么了小马？

没什么！

是不是刚从獾先生家出来？

你怎么知道？

我听说獾先生在招徒弟教人家下象棋，你也去报名了，但结果却是小猪当了獾先生的徒弟。

可不是？！獾先生可真讨厌，天天让我去扫他家院子，我都怀疑他是故意虐我！

那你可知道为什么獾先生让报名的小动物扫院子？

哼，我哪儿知道啊？我连他的面都没见到。

与人交往，要有一颗宽容的心。

因为他觉得下象棋要有耐心,但是报名的小动物又很多,所以他想了个法子,谁要是能将他家院子角落里的硬币扫出来,就成功了。

那,獾先生家大门上那一脚是不是你踢的啊?

那个……

这么爱记仇可不行!

獾先生说不能让你白干活儿,这是他让我带给你的谢礼,收下吧。

这……我去找獾先生道歉。

啊?原来是这样。

这才是乖孩子。

为一件小事记仇,很不值得。

遇到事情，多从自己身上找找原因

人们往往更容易看到自己好的一面，很难正视自己身上的缺点，但是如果遇到事情只知埋怨别人，不从自己身上找原因，就只会让大家逐渐远离你。

> 都怪这鬼天气，这么大雨，约会能不迟到吗？！

孔子说了什么

子曰:"已矣乎!吾未见能见其过而内自讼者也。"

——出自《论语·公冶长》

古人云:人非圣贤,孰能无过?但是,从发现自己的错误,到承认错误再到改正错误,却并不容易。所以,孔子爷爷也不免感叹:"算了吧!我从未见过看到自己有错误便能自我责备的人。"

今天子涵所在的（3）班和（2）班对阵打篮球。子涵是校篮球队的明星后卫，（2）班则有得分能力超强的小前锋侃侃，他同时也是校篮球队的实力派。两个班的整体实力差不多，球员们各有所长，可谓势均力敌，所以这场比赛吸引了许多学生前去体育馆观战。

比赛刚一开场，大家你来我往，各有得分，还看不出哪一方更有优势。但是上半场结束前几分钟，形势出现变化。（2）班队员开始接连得分，尤其是侃侃，个子高，手感好，频频得分，打出了一波小高潮，引得场边观众的欢呼声一浪高过一浪。

中场休息，双方队员回到球员休息室后，子涵就走到队友大鹏身边，说："大鹏，你今天怎么回事？"

侃侃频频得分，其实同为小前锋的大鹏也十分着急，在听到子涵的质问后，他火气蹿了上来，吼道："什么怎么回事？你怎么回事？你不是得分后卫吗？你的传球呢？你的得分呢？"

其他队员听到两人争执后立刻拉开两人，让他们俩消消火气。

子涵还是有些不服气："你的防守呢？为什么让侃侃接连得分？"

"都给我住嘴！"这时，体育老师走了过来。

"一个个球打得不好，倒是很会吵架！有那力气用在抢篮板上啊！比赛刚开始大家都想赢球，我理解，刚交手没找到感觉我也能接受。可是，篮板呢？你们连篮板都不抢，就光想着单打独斗，靠炫技得分是吗？"

听到老师这样说，大家都低下了头。

"比分落后就开始吵架，责怪这个，责怪那个，自己身上就一点儿问题没有吗？抢篮板不积极，进攻不打配合，传球还失误……你们反思了吗？"

这时，子涵终于冷静下来了，他跟老师道歉，跟队友们道歉，最后看着大鹏说："大鹏，是我的问题，我没把握好节奏。"

"我刚刚火气也有点儿大，"大鹏也看着子涵说，"扯平了。一会儿上场了，我们好好配合吧。"

"这才像话。"老师拍了拍大家的肩膀开始布置战术。

遇事多从自己身上找找原因的道理不难懂，但是许多人常常反着来，像子涵一样，觉得自己没错，错的都是别人，甚至把比分落后的责任推到别人身上。篮球是团体运动，如果只盯着队友的错误，注定是无法赢球的。

其实犯错是常有的事，每个人都会犯错，而如何处理自己的错误，则直接关系到这个人的修养和品行。如果一个人在发现犯错后，忽视它，甚至把错误推到别人身上，就只能在错误的道路上越滑越远；能够在意识到犯错后进行自我批评，积极地去改正，才能成长为自信和令人信服的人。

遇到事情不要冲动，先找找自己的原因，以免引起误会。

误会解除后，记得道歉。

朋友之间相互信任，是一件美妙的事情

你的朋友多吗？能称之为"朋友"的人或许不在少数，但相互信任的朋友，其实很少。

没事，我再等等。既然说好了在这里见面，小海鸥就一定会来的。

孔子说了什么

颜渊、季路侍。子曰:"盍各言尔志?"子路曰:"愿车马、衣轻裘与朋友共,敝之而无憾。"颜渊曰:"愿无伐善,无施劳。"子路曰:"愿闻子之志。"子曰:"老者安之,朋友信之,少者怀之。"

——出自《论语·公冶长》

颜渊、季路侍立在孔子身旁。孔子说:"为什么不说说你们的志向呢?"子路说:"我愿意将自己的车马、皮衣与朋友们共用,即使用坏了也不遗憾。"颜渊说:"我愿意不夸耀自己的长处,不宣扬自己的功劳。"子路说:"我们希望听听老师您的志向。"孔子说:"我愿老年人安度晚年,朋友之间相互信任,年幼的人得到照顾。"

午休时间，晓菲走到苗苗身边，悄声说："苗苗，我悄悄告诉你一件事，但是你可别说是我说的。"

"什么事啊，神神秘秘的？"苗苗是个有点儿粗线条的女孩，平日里与人交往都大大方方，不喜欢藏着掖着。

"就是……"晓菲看了看周围没什么同学，便凑到苗苗耳边说，"你不是和童童关系很好吗？我可听说她最近在说你的坏话。"

"童童说我坏话？"苗苗忍不住提高了音量。

"哎呀，你小点儿声！"

"不是，"苗苗皱了皱眉头说，"童童可是我的好朋友，她不会说我坏话的。"

"你就是大大咧咧的，别人说你坏话你都不知道。"

"我是不会相信的，我这就去问问童童。"

"你怎么这么急性子啊！爱信不信，不跟你说了。"说完，晓菲就跑了。

苗苗觉得晓菲是好心，但是她和童童关系那么好，有什么话当面说就行了啊，有必要背后说什么吗？

就在这时，苗苗看到童童和另一个女孩说说笑笑地走进教室。难道童童不跟自己好了？难道自己无意间惹童童不高兴了？应该不至于吧。

就在苗苗还在纠结的时候，童童拿了一支圆珠笔朝苗苗走了过来。

"喏，给你。"童童面无表情，说完转身就要走。

苗苗接过一看，这不是自己的圆珠笔吗？

"别走啊，"苗苗笑着说，"肯定是我落你家的。"

"你瞧你,整天丢三落四,大大咧咧的,自己丢了笔也不知道找。"

"哈哈哈!"苗苗听童童吐槽自己,却笑个不停。

"我说苗苗,你发什么神经啊?"

苗苗笑嘻嘻地说:"我看你呀,肯定是没少在背后吐槽我丢三落四的。"

"什么当面和背后啊?"童童一副听不懂的样子。

"哎呀,"苗苗挽住童童的手臂说,"没事啦,没事啦,我相信你。"

"说什么呢?"童童还很疑惑。

"没什么,没什么。你晚上去我家写作业吧。"

苗苗倒不想解释了,因为她从心底里信任童童,管别人怎么说呢!

朋友之间相互信任的感觉真的很好。因为彼此信任,就可以坦诚交流,就会避免一些误会和矛盾,当然还可以一起学习、玩乐,共同进步。那么,如何做到相互信任呢?很简单,要想让朋友信任你,你首先要信任你的朋友,因为信任不仅仅是对对方的需求,更是一种真诚的付出。

朋友之间要互相信任。

不能辜负朋友的信任。

不要毫无理由地喜欢或者讨厌一个人

生活中，我们总有喜欢的人，也有讨厌的人，但是你有没有想过，你讨厌或喜欢一个人的标准是什么？

哼，我才不要和大公鸡做朋友呢。他整天就知道闹哄哄地打鸣，显得自己多有本事似的。

孔子说了什么

子曰:"唯仁者能好人,能恶人。"

——出自《论语·里仁》

孔子说:"只有那些有仁德的人,才能够正确地喜爱某人、厌恶某人。"孔子爷爷的意思是:以"仁"为标准,才能区分出应该对哪些人表示喜爱,对哪些人表示憎恶。

晚上放学后，芊芊刚进家门就开始跟妈妈抱怨。

"妈妈，"芊芊嘟着嘴跟妈妈提要求，"你能不能跟老师说说给我换一个阅读小组啊？"

"怎么了，为什么要换组？"妈妈问她。

"烦死了。"芊芊很烦躁，组织了一下语言说道，"老师今天让我跟小静一个组，她是刚从外地转学过来的插班生。妈妈，她普通话不标准，说话声音还小，我根本没法儿跟她沟通，怎么能在一起读书呢？"

"小静刚转学过来，不熟悉环境，可能有点儿害羞。"

"我不管！我不喜欢她！"

"你这孩子，"妈妈看到芊芊态度坚决，只能换个角度来沟通，"那你喜欢班上的谁呢？"

"我喜欢苗苗呀，她特别好玩，说话也特别幽默。"

"苗苗是很好，妈妈也喜欢她。可是，小静才刚到你们班，人生地不熟的，你这么凶巴巴的，她肯定不敢大声说话了。你可以多给她一点儿时间，多了解一下她，没准儿以后还能成为好朋友。"

妈妈看到芊芊有些听进去了，继续说道："我猜呀，老师一定知道你心思细腻，特别爱帮助人，所以才安排你和小静一组的，你要不要把握住这次机会？"

"好吧，"芊芊被说动了，"那我试试。"

过了几天，芊芊发现新大陆一般对妈妈说："妈妈，你知道吗？小静她读过很多书。她说她奶奶经常带她去图书馆，她在那儿一坐就是一天。小静就是普通话有一点点口音，但是慢点儿读就完全没问题了。"

看到芊芊兴致勃勃地唠叨小静的日常，妈妈忍不住笑着调侃芊芊："是谁前几天嚷嚷着要换小组的呀？"

"不要翻旧账嘛。"芊芊有些不好意思。

"芊芊，记住妈妈的话，看人不能光看外表，也不能在不了解对方的时候，就胡乱喜欢或者讨厌人家，知道吗？"

"我知道了，妈妈。"

喜欢一个人的原因很多，讨厌一个人的理由或许更多，但是我们不能随便找一个理由就喜欢或讨厌某个人，这样做只会让你识人不清，交不到真正的朋友，也会错失许多朋友。

请记住，人无完人，谁都有缺点，看别人呢，要多看对方的长处。

孔子爷爷认为，只有那些有仁德的人，才能够正确地喜爱某人、厌恶某人。这句话该如何理解呢？它的意思是说，我们必须有仁德，就是我们先做到仁德，并以此为标尺，正确地判断出哪些人值得我们喜欢，哪些人应该远离。

> 我猜呀，老师一定知道你心思细腻，特别爱帮助人，所以才安排你和小静一组的，你要不要把握住这次机会？

看人不能只看外表。

我们可以做朋友吗?

我身上也没毛,个子又太高了,小动物们都不喜欢和我玩儿。你愿意和我做朋友吗?

啊,我身上没毛,个子也不高,你为什么想和我做朋友呢?

我愿意!那个……我是说,我觉得你很真诚,我想和你做朋友。

哎哟,幸亏小象跑得快,要不然就追不上小蛇了。我这把老骨头啊,真是操碎心了。

经过相处才能评价一个人。

自私的人很难交到朋友

当我们谈论起自私时，都知道自私是不好的品性，但落实到具体的事情时，有些人就会更在意自己的利益，这就是自私的表现。

> 这蜂蜜可太甜了，太好吃了！我得赶快把它吃光，否则一会儿弟弟就要回来了，我才不要分给他呢。

孔子说了什么

子曰:"放于利而行,多怨。"

——出自《论语·里仁》

孔子爷爷这句话的意思是:"如果依据个人的利益去做事,就会招致很多怨恨。"

桐桐前阶段和小萌一起做了一次实验，小萌做实验严格按照实验步骤来，思路清晰，手也稳，做得又快又好，这让桐桐十分佩服。小萌不仅做实验厉害，各科成绩也非常好，在桐桐眼中，小萌就是学霸。

这天，桐桐被一道数学题卡住了，课间休息的时候，她就找到小萌，想让小萌帮自己捋捋思路。

小萌接过练习册，就扫了一眼，说："这道题我也不会。"

"咦？"桐桐很惊讶，"你没看清吧？其实这道题和昨天数学卷子上的倒数第二道题题型是一样的，昨天老师讲，我就没太听懂，没想到今天又遇到了。"

"是吗？"小萌又重新看了一眼桐桐练习册上的题，"哦，这道题啊，是挺难的。我昨天就是碰巧蒙对了，其实我也不太懂。"

听了这话，桐桐沮丧地回到了座位。

"碰钉子了吧？"同桌思思压低声音说，"小萌这个人啊，你不知道，谁问她题，她都说不会，其实不是不会，就是怕大家耽误她的学习，或者学会了，将来考试超过她。"

"啊？"桐桐很惊讶，"这是真的吗？"

"不信你找机会向她借数学笔记，你看她借不借给你。"

桐桐没有试探小萌，她觉得如果小萌的确如大家所说的那样只专注自己的学习，好像也没什么，自己就别去深究了。晚上放学回家后，她和妈妈聊起了这个话题。

"妈妈，你说，小萌为什么这样做呢？"

"专注于学习没错，不过听你这样说，她性格有点儿自私。"

"我也觉得她有点儿自私,而且我看她总是独来独往的,好像没什么朋友。"

"那你觉得和同学交往是耽误学习的事情吗?"

"我觉得不是。"

"那就行了。你也别总琢磨别人、评价别人了。如果觉得自私不好,不做自私的人就好了。"

"嗯,妈妈说得对。"

"那快去写作业。"

"知道了!"桐桐笑着走开了。

学习是一辈子的事情,抓住有限的时间学习是对的,但是人生也不只有学习一件事。虽然每一份试卷都需要我们独立完成,但是学无止境,一个人的力量是有限的,我们总有遇到难题的时候,也总是需要师长的帮助才能取得更好的成绩。所以,不如试着做一个热爱学习、懂得分享的快乐小孩。

其实不仅学习这件事,生活中也是如此,不能光顾着自己,什么事情都一个人"独享",这样就缺少了伙伴的力量,缺少了分享的喜悦。

这棵树枝叶繁茂，可真漂亮呀。

老獾，你最好别惦记我的樱桃！

这棵树是你种的？你误会了，我只是来乘个凉。

你没看到旁边的牌子吗？欸？哪个讨厌鬼给我挪远了？

抱歉，我有点儿老花眼……

此树是我小兔子私人财产！

只在乎自己，有时候并不会给自己带来很多利益。

喂，这棵树是我种的！谁让你搞破坏的？

我自己种的树，我自己会捉虫子，谁要你瞎操心！

你……

我帮你捉虫子呀，我没有恶意。

我的宝贝树，我这么细心照顾你，为什么你就结这么点儿果子，还又小又酸呢？

你可知道我病了？我喜欢獾先生，我也喜欢啄木鸟给我捉虫子……唉……

学会分享，得到同伴的助力，往往更能取得成功。

如果你觉得某个同学很棒，不妨向他学习

如果你觉得身边某个同学或朋友很棒，不用嫉妒羡慕，也不用自卑，就把他当成你的榜样和目标吧。

猴哥，我能跟你学爬树吗？

当然可以。能跟上我，我就请你吃桃子！

孔子说了什么

子曰:"见贤思齐焉,见不贤而内自省也。"

——出自《论语·里仁》

孔子爷爷说:"几个人在一起,其中必有一人是有才能的人,不妨学习他身上的长处。看见没有德行的人,就要反省自己是否有和他一样的毛病。"

期中考试成绩出来了，虽然没有排名，但是老师着重表扬了桐桐。小鱼儿看着自己的试卷，真是羡慕桐桐呀。桐桐不仅学习好，钢琴弹得好，唱歌也好听，学校文艺会演总少不了她的身影。

晚饭时，小鱼儿心不在焉地拨弄着碗里的米饭，妈妈做的糖醋小排似乎也不香了。爸爸给女儿夹了块排骨说："不是考得还行吗？多吃点儿。"

"就是啊！"妈妈也跟着说，"进步了好几名呢，快尝尝妈妈特意给你烧的排骨。"

"就进步了那么一丢丢。"小鱼儿显然觉得自己与桐桐还有不小的差距，"老师今天又表扬了桐桐，我猜她又得了第一名。她文艺会演上钢琴弹得也好，真是太厉害了。"

"考试成绩，最重要的是和自己比。"爸爸说，"你比上一次考得好这就是一种进步。如果你觉得桐桐很棒，不如就把她当作一个目标，多向她学习。"

"对呀，"妈妈说，"一个班上几十人，总有人学习好，也有人差一点儿；总有人有文艺细胞，也有些人有运动特长，对不对？"

"我们小鱼儿游泳很棒啊！"爸爸笑着说，"我就知道我给女儿起的名字很厉害！"

听到这话，妈妈和小鱼儿都忍不住笑了起来。

"你爸爸太自恋，啥功劳都往自己身上揽，别跟他学！"妈妈笑着打趣。

"我觉得爸爸说得对，我游泳很棒一定是因为爸爸给我起名叫'小鱼儿'。"小鱼儿一扫阴霾，开开心心地吃起了排骨。

第二天，小鱼儿以桐桐为目标，制订了全新的学习计划。她还发现桐桐有一个本子，专门用来记录重要的知识点，总结学习方法。小鱼儿的爸爸也给她买了一个，还说，向优秀的人学习，哪怕是照猫画虎地模仿，也是有益的。

只要努力学习，就一定能提高成绩；只要努力加强锻炼，运动技能就会有所提升；只要找到自己的课外兴趣点，就能拥有一技之长。我们每个人这一生都是在不断学习中度过的。

如果你觉得身边某个同学或朋友很棒，不用嫉妒羡慕，也不用自卑，就把他当成你的榜样和目标吧。

遇到优秀的人，不要嫉妒，要向他学习。

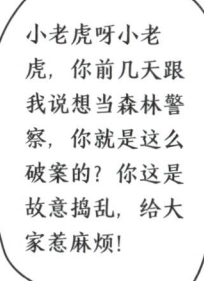

向优秀的人学习，共同进步。

光嘴上说说却没有行动的人，不被人喜爱

有时候，你会不会习惯性地"随口说说"？

哎呀……我再也不说大话了……我从明天起，就要开始锻炼了！

孔子说了什么

子曰:"古者言之不出,耻躬之不逮也。"

——出自《论语·里仁》

这句话里的"躬之不逮",是指"行动达不到"。孔子说,古代的君子很少随意发表言论或做出承诺,因为如果他们做不到自己所说的那样,他们会为自己感到羞耻。

今天班会的主题是"从我做起，杜绝浪费"，桐桐的发言很精彩，获得了同学们的掌声，也得到了老师的表扬，她很高兴。放学准备回家的时候，桐桐都是一边哼着歌一边收拾书包。

回家路上，桐桐和好朋友欢欢、琳琳一起走，路过了一家甜品店，望着橱窗里诱人的甜品，她突然有点儿馋，想买块蛋糕。

"别买了，你就是馋了，吃不了几口就会腻的。再说，你不打算吃晚饭啦？"欢欢劝阻道。

桐桐犹豫了一下，但还是进去买了。果然，如欢欢所说，她吃了几口就不想吃了。"唉，真应该听你的不买。"桐桐说着，随手把剩下的半块蛋糕扔进了垃圾桶。

欢欢和琳琳不可思议地看着她。桐桐看出她们眼神里的含义，说："……哎呀，我知道很浪费，但是没办法嘛！拿在手里很麻烦啊……而且剩下的也没有人吃了……"接着又补充道，"我保证，以后不会再这样了。"

接下来一路上，大家都没怎么说话，桐桐觉得有点儿难堪。但她没把这件事放在心上，没多久就淡忘了。

这天，午休的时候，桐桐拿出一些零食跟周围的同学分享。她自己拆了一包没吃过的薯片，尝了一片后，发现不喜欢这个味道，随手就往垃圾袋里扔。

琳琳见了，连忙阻止："哎哎，你不爱吃就给我吧，剩下的我帮你吃！"

桐桐笑着说："你要是喜欢吃这个，再新拆一包就是了。"

琳琳说:"不不,这样扔掉实在太浪费了!而且你保证过不再这么干的。"

听到这话,桐桐想起几天前保证不会再浪费的事,脸上红一阵白一阵的。

有时候,你会不会习惯性地"随口说说"?因为一时兴起,就跟人夸下海口,过后却发现,出于各种原因,做不到口头保证的事;或者,你积极地发表意见,建议大家应该做什么、怎么做,自己却什么也没做。如果总是这样,你在周围人的眼中就成了一个光说不做、不讲信用的人,没有人敢信任你了。

孔子爷爷认为,君子是不说大话的。不管什么事,如果不确定自己能否做到,就不要轻易承诺;如果承诺了,就不能只是说说,一定要行动起来。这样做不只是让周围人觉得你很可靠,其实对你自己的好处更大。凡事努力说到做到,你就能变得更积极、少懈怠。

下定决心做某事后，一定要立刻行动起来。

只说不做会让人觉得你不可靠。

懂得约束自己的行为，就会少犯错

犯错并不可怕，可怕的是，屡次犯同样的错误而不约束自己。

孔子说了什么

子曰:"以约失之者鲜矣。"

——出自《论语·里仁》

"鲜"的意思是少有、罕见。孔子爷爷说:"严格要求、约束了自己,却还犯下错误的,这种情况很少见。"也就是说,懂得约束自己,就会少犯错。

这个暑假，小美要在爷爷奶奶家待一阵子，比她大一年级的表姐菲菲也在。爷爷奶奶家在乡下，小美很喜欢那儿的风景。最重要的是，爸爸妈妈不在身边，爷爷奶奶可没他们那么唠叨！

"哈哈，没人管我喽！这一定是个超级美好的假期！"小美想。

然而，暑假才刚开始没几天，小美就觉得不美好了，因为菲菲开始写作业了。

菲菲每天都雷打不动地在固定的时间写作业，写完之后才去玩儿。

除此之外，小美觉得和菲菲一起玩儿的时候也很扫兴，比如小美想去河里游泳，或者摘别人果园里的果子，菲菲总是阻拦她。

"别去！野外的小河跟城里的游泳池可不一样，很危险的！"

"别去！那是别人辛苦种出来的，怎么能随便摘呢？"

小美受不了了。

"唉，在学校老师管，在家里爸妈管，在这儿还有菲菲管。"她在心里抱怨。

小美不愿意再和菲菲一起了。每天，菲菲写作业的时候，她就自己一个人上山下河，捉虫捞鱼，玩儿得很开心。

"真自由呀！"晚上，小美放松地躺到床上。她扭头看了一眼桌上的那一摞暑假作业，翻过身去，"啊——好困，明天再写吧……"

就这样无拘无束地玩儿了一阵子，暑假在不知不觉中已过去将近一半，小美的作业却几乎没动。

有一天，她偷偷爬进别人的果园里摘果子，不小心被一根粗大的树枝在腿上划了一道又深又长的口子。

大家闻声赶来的时候，脸上的表情都很复杂，既对小美的伤势感到担心，又对她偷果子的行为感到失望。

小美也很羞愧。

伤口有些严重，好一阵儿不能乱跑了，小美这才想起作业来。暑假时间剩下不多了，作业成了巨大的负担。

暑假的最后阶段，小美每天忍受着伤口的刺痒，还要扛住繁重的作业任务，她心里哀号道："唉！我要是早能管住自己就好了！我再也不这样了！"

当你知道有些事情不能做，但又忍不住想做的时候，你严格要求自己不去做，这就是在约束自己的行为。孔子爷爷说，懂得约束自己的人很少犯错。因为，这样的人能在错误发生之前，就及时地制止自己，而不是等到糟糕的结果出现后，才后悔莫及。

要学会约束自己，就需要锻炼自己的意志力，以及自我控制的能力。这其实不是什么难事，只要你认真思考一下你的行为会产生的后果，你就会告诉自己应该怎样做。学会自我约束以后，你就不需要别人来约束你了。一个在无人管束的情况下也能严格要求自己的人，是很了不起的。

要学会约束自己的行为。

啊啊啊!
救命啊!
救命啊!

禁止游泳

你怎么这么管不住自己呢?刚才真是太危险了!

我错了……刚才真是吓死我了。

禁止去做的事情就不要去做。

到了新环境也不要担心交不到朋友

刚刚进入新环境，看到很多陌生的面孔时，你会不会害怕无法融入其中，担心交不到新朋友？

怎么啦？明天参加夏令营，不开心吗？

参加活动的人我一个也不认识，我怕交不到朋友。

孔子说了什么

子曰:"德不孤,必有邻。"

——出自《论语·里仁》

"德"是品德的意思,孔子爷爷这句话里的"德"指的是品德优良的人。这句话是说,品德优良的人不会孤单,一定会遇到志趣相投的朋友。

芊芊一家搬新家了。新家比原来的大，距离芊芊的学校更近，小区里也很漂亮。爸爸妈妈说住在这里会很舒适。可是，芊芊并不开心。

在原来的老小区里，芊芊有很多朋友，她和安琪、小鹏从出生起就住在那里，他们是多年的邻居，虽不在一个学校，却从小就一起玩儿。除了小朋友，芊芊还有大朋友：住在楼上的孙奶奶，小区的门卫刘伯伯，去年刚搬到隔壁的那个戴眼镜的大哥哥……

"在这里我一个朋友也没有，走出去谁也不认识。"芊芊情绪低落地说。

"别担心，慢慢就会认识新朋友的。"妈妈安慰道。

"可是，要怎样成为朋友呢？我们搬东西的时候，路过的人都面无表情，看起来很冷漠。"芊芊说。

"他们不是冷漠，只是对我们感到陌生，大家相互之间还不了解呢。"爸爸说。

芊芊对爸爸妈妈的话半信半疑，始终闷闷不乐。有一天，芊芊放学回家，走进电梯，电梯门正要合上时，她看到一位奶奶抱着小孙子、拎着菜，艰难地往电梯门口赶来，她连忙按住开门键，等他们进来。

"奶奶，您上几楼？我帮您按。"芊芊很自然地说。

"谢谢你呀，我去九楼。"奶奶放下菜，喘口气歇息了一会儿，问道，"你是不是前几天十二楼新搬来的那个小姑娘呀？"

芊芊感到有点儿意外，说："是的，我叫芊芊。"

"哦……你上几年级了呀？我的大孙女四年级啦，你有空时可以来找她玩儿，我们住九零一……"

就这样,芊芊和九零一的奶奶认识了。

慢慢地,这栋楼里住的很多邻居,芊芊也都认识了。大家很喜欢芊芊,都觉得她是个心地善良、懂礼貌的孩子。

"妈妈,我作业写完了,我去媛媛家啦,媛媛约我晚饭后去她家玩儿。"有一天晚饭后,芊芊跟妈妈说。

"好的,不要待太晚啊,别耽误人家休息。"妈妈嘱咐道。

"知道啦!"芊芊一边说一边跑出门。"我真喜欢我们的新家!"望着天边的夕阳和小区里逐渐亮起的灯光,芊芊开心地想。

换新环境的时候,你一定或多或少地会有一点儿不安的感觉,尤其是担心自己交不到新朋友,会变得孤单。不过,正如孔子爷爷所说:"只要你做个品德优良的人,就一定会交到朋友。"优良的品德会吸引别人主动靠近你,因为人人都喜欢品性善良的人。在新环境里,只要你表现得善良友好,在别人有困难的时候,愿意热心帮助他们,任何时候都能对别人诚实、讲信用,就一定会有人喜欢你、主动和你做朋友的。

不要担心自己交不到新朋友。

优良的品德自然会吸引别人靠近。

劝告朋友也要适可而止

劝告就是提意见或建议,这是朋友之间表达关心的一个很重要的方式。但是,对朋友的劝告并不是多多益善,而是要懂得适可而止。

你最好铲铲这些杂草吧,再长就没办法走过去了。

哎呀,知道了,知道了。

孔子说了什么

子贡问友。子曰:"忠告而善道之,不可则止。"

——出自《论语·颜渊》

子贡问孔子爷爷怎么交朋友。孔子爷爷说:"忠心地劝告他,善意地引导他,他不听就不要再说了。"因为和朋友交往时,如果老是给对方提意见,会让对方反感,从而疏远你。

班里视力下降的同学越来越多了，欣欣也是其中一个，她最近总觉得看东西不如以前清楚。

"你就是写字姿势不对造成的，我看你每次写字都趴在本子上，那样对眼睛很不好。"同桌苗苗对欣欣说。

"唉，趴着写比较舒服嘛，这个习惯不好改呀！"欣欣说。

这之后，欣欣开始有意地调整自己看书写字的姿势了，而苗苗作为她的好朋友，觉得自己应该帮助欣欣及时纠正坏习惯。因此，只要欣欣看书写字时不知不觉地趴到桌上，苗苗都会提醒她。

一开始，欣欣对苗苗的热心提醒很感激，总是在苗苗提醒之后马上坐直。可是渐渐地，次数多了以后，她感到有些不舒服了。

这天课间休息，正在收拾桌子的苗苗余光瞥见欣欣又往桌上趴，马上拍了拍她："欣欣，坐直呀！"

"哎呀，吓死我了！我没有在写字啦，只是想打会儿瞌睡，你把我都吓醒了……"欣欣有点儿不满地说，"我知道你是好心，想帮我保护视力，可是以后你不用再提醒我了哈，我自己会注意的……"

苗苗觉得特别尴尬，也很不解。回家后，她和妈妈说了这件事。

"你记不记得去年暑假咱们去旅游的时候，你去的时候很开心，回来的时候很不高兴？"妈妈问。

"记得啊，一路上你一直在我耳朵边说我，一会儿劝我搽防晒霜，说不搽会晒伤；一会儿又劝我喝水，说这天气不喝水会便秘……"

"哈哈哈，对嘛，我老是劝这劝那的，你嫌我烦，欣欣也一样啊！"妈妈说。

苗苗恍然大悟，这才明白欣欣的感受："唉，是啊，你那样唠叨，让我觉得你好像就盯着我的这些缺点似的，特别烦。欣欣一定也不喜欢我总是盯着她的坐姿。"

"那次之后，我就反思了，决定以后不再做个唠叨的妈妈。"妈妈说。

"嗯，我也反思，以后给别人提建议一定要适可而止。"苗苗说。

与人交往时，你一定给别人提过意见，劝告对方要怎么做，或者阻拦对方不去做某件事。你的出发点是好的，是真心想要帮助朋友，不让他犯错。但是，任何事情都要有度，要懂得适可而止。

如果对朋友的劝告太频繁、太唠叨，对方不仅不会感谢你，反而会疏远你。这是因为两个人关系再亲密，也需要有各自的私人空间。每个人都有自己做事的方式，你总是提意见，就干涉了别人的自由。所以，当朋友需要帮助时，适当地给对方建议就行了，不要过多地劝诫，以免让人困扰。

你别把草这样堆在墙边，容易发生火灾的。

啊，你说得对，我这就搬走。

你要是种番茄的话，那最好搭个棚子，番茄不能淋太多雨水。

我知道啦，只是还没来得及搭。

现在这样看起来好多啦，要是能种点儿花儿装饰下就更好啦。

嗯，我也想种点儿什么，不过我更想种蔬菜。

过度地劝告，有时候会引起朋友的反感。

搭棚子的时候……

可能是我话太多了吧……我真是多管闲事。

哎呀,我知道了,我知道了,你去忙别的吧。

我好像是有点儿过分。小狐狸其实也是好心……

我正要去找你……对不起……

小猪,对不起,我话太多了……

适当提出建议就可以。

朋友之间，要取长补短

每个人都有自己的优点和缺点，你在朋友们身上都发现过哪些优点？对于他们的缺点，你又是怎么看待的呢？

他不过是个服务生而已，能懂什么？

哇，他真了不起，怎么能摆得这么稳当！我要去讨教一下！

孔子说了什么

子曰:"三人行,必有我师焉。择其善者而从之,其不善者而改之。"

——出自《论语·述而》

孔子爷爷说:"和我同行的人当中,一定有人能做我的老师。我会学习他们的优点和长处;发现他们的缺点时,则会反省自己是不是也有这些缺点,如果有,便认真改正。"

在小宝所有的朋友里，涛涛似乎是最不起眼的一个。他学习成绩平平，个性平平，不擅长体育运动，也没有什么文艺特长。

"那你……帮忙摆摆凳子吧。""你就记一下名字吧……"类似这样的话，涛涛经常听到。因为不管举办什么集体活动，在同学们各显身手的时候，他好像都只能做个"打杂的"。大家实在想不出他有什么过人之处。

小宝以前对涛涛的印象也和大家一样，但在他们一起参加了一次慰问养老院的志愿者活动后，小宝就改变了看法。

那天，小宝、涛涛和另外几个同学被安排到一组，负责打扫养老院楼道的卫生。打扫结束后，他们收拾工具准备离开，涛涛此时却拿着一块干抹布擦起了台阶。

"涛涛，你在干吗？这有点儿过头了吧？"一位同学讥讽地说，说完就和其他同学离开了，只有小宝还站在那儿。

"涛涛，地已经拖得很干净了，我们走吧。"小宝好心地劝道。

"嗯……"涛涛抬起头，"我想把上面的水渍擦干，但是没有干拖把了，所以只好……"

"没必要擦呀，自然风干就好了。"小宝叹口气说。

"今天是阴天，会干得很慢。"涛涛说。

小宝正想说"那也没关系啊"，可是涛涛接着说："这里住的都是爷爷奶奶，他们年纪大，如果踩到水渍，很容易摔倒。"

小宝恍然大悟，硬是把到嘴边的话咽了回去。他感到既意外又钦佩，还有点儿惭愧。原来，涛涛并不是"一无所长"，他比很多人都体

贴、细心呢!

这之后,小宝对涛涛的关注多了起来。虽然涛涛在学习和课余才艺上表现一般,但他待人接物的方式和态度却很值得学习。

他很大度,从不计较别人的错误。

他很温和,没人见过他急躁、发脾气。

他很认真,哪怕只是微不足道的小事,他也尽全力去做……

小宝发现,涛涛有很多优点都是他比不上的。意识到这一点后,他经常和涛涛一起学习、游戏,从他身上学到了很多,他们也成了很好的朋友。

无论是学习方面,还是日常生活方面,每个人都有自己擅长的事情,你的朋友们也一定在某些方面是超越你的,那就认真学习他们身上的优点;不过,朋友身上也总有这样那样的小毛病,那就不如审视一下自己身上是否也有同样的毛病。当然,你也需要热心地、委婉地提醒你的朋友,正视身上的这些小毛病。

朋友,就像我们生活中的镜子,我们可以通过他来审视自我,大家相互之间取长补短,共同进步,共同成长。

故步自封会让人变得狭隘。

一个月后

啊啊啊！怎么又塌了？这都塌三次了……

我们用鹦鹉的方法再修一遍吧，你太小瞧人家了，在这方面，他可比我们知道得多！

好吧……没想到，他那一套还真的有道理。

看到别人的优点并学习，才会进步。

朋友，也有渐渐走散的一天

我们成长过程中，总会认识许多朋友，也总会和一些朋友因为距离或其他原因走散。其实，不必太难过。

唉，好久没见到毛毛虫了，不知道他在做什么呢，也不来找我玩儿。

孔子说了什么

子曰:"可与共学,未可与适道;可与适道,未可与立;可与立,未可与权。"

——出自《论语·子罕》

孔子爷爷说:"能一起学习的人,未必能走上相同的道路;能走上相同道路的人,未必能一起坚持走这条路;而能一起坚守信念的人,也未必能在具体事务上懂得灵活变通。"

"喂，轩轩，你有空吗？我给你发消息你没回，所以打电话给你……"周五晚上，小树给轩轩打电话，约他明天去海洋馆。

"我正练琴呢，没听到提醒……嗯……明天可能不行呢，我爸爸帮我抢到书展的门票了，就在明天……"电话那头的轩轩带着抱歉的语气说。

"什么书展？怎么之前没听你提起过？"小树失望又纳闷儿地问。

"我提起过呀，当时还问你想不想去，你看完宣传单说不感兴趣，我就计划自己去啦。"轩轩说。

两人继续聊了几句，最后互道了晚安。挂了电话后，小树的心情怪怪的。

小树和轩轩家住得很近，他们从幼儿园起就是好朋友了，后来又进了同一所小学。虽然不在一个班，但他们每天都一起放学回家，周末一起参加活动，寒暑假一起复习功课，一起出去玩儿。

小树以为，他们会永远都这么亲近。但这学期开始，情况似乎有了改变。他们见面的次数越来越少了。

"是轩轩故意躲着我吗？可是，没发生什么事呀……上次约他打球，他说要练琴，他好像确实迷上弹钢琴了，不像是找借口……唉，我要是也会弹琴就好了，那样我们还能一起练，可我真的没有音乐细胞啊……"这段时间，小树脑子里总是想着这些事，他难以接受和轩轩渐渐疏远的事实。

一个周末的下午，轩轩突然带着新买的玩具来到小树家。"我们有一个月没见面了，不知道你有没有空，我爸爸给我买了新乐高，我们一起拼吧！"轩轩诚恳地说。小树十分惊喜。他们一边玩乐高，轩轩一边聊起他最近新学的东西、新认识的朋友，还有些好玩儿的事。

轩轩走后，小树有点儿失落。妈妈问他："怎么了？你们俩这么长时间没见，今天应该玩儿得很开心呀。"

小树说："唉，他待了一个小时就回家练琴了。练完琴，还要上网课。除了偶尔坐校车能遇到，估计以后很难约在一起玩儿了。"

"别难过，小树，这其实很正常。"妈妈大致明白了原因，"轩轩和你都长大了，都有各自的事情要忙碌，也会认识新朋友，当然这并不意味着友谊的断裂，回头你过生日，可以邀请他来家里玩儿，也可以偶尔互相聊聊各自遇到的新事物，并不一定要像小时候那样整天在一起。"

听了妈妈的话，小树心里好受了些。他开始学着接受和轩轩之间的距离，这大概就是成长路上不可避免的惆怅吧。

也许你原本有一些很要好的朋友，但不知什么原因，你们渐渐地不来往了。其实，这是很正常的事，甚至可以说是你成长的"必修课"。你和你的朋友们性格不尽相同，爱好也不完全一样，在某些事上，你们自然会做不同的选择，所以，哪怕关系再好，也会自然地走到不同的方向去。这可能让你很伤感，因为谁都希望能有"一辈子的好朋友"。但你不如这样看待这件事：你们渐渐走散，说明你们都在进步，而不是停留在从前。而你和那些渐渐走散的朋友，也都会拥有新朋友、新生活的。

我们有一个月没见面了，不知道你有没有空，我爸爸给我买了新乐高，我们一起拼吧！

成长的路途中，我们会和朋友走散。

这个时候送上祝福就好。

朋友之间，要相互勉励扶持

和朋友们在一起可以做很多事，除了共享娱乐、玩耍的时光外，交流学习和生活的感受，以及互相勉励扶持也很重要。

孔子说了什么

子路问曰:"何如斯可谓之士矣?"子曰:"切切偲偲,怡怡如也,可谓士矣。朋友切切偲偲,兄弟怡怡。"

——出自《论语·子路》

子路问孔子爷爷:"什么样的人是真正的士呢?"孔子爷爷回答:"相互鼓励、相互批评、和睦相处,可算士了。朋友间相互鼓励、相互批评,兄弟间和睦相处。"

"你别玩儿这个了吧，好危险！"

"你要不玩玩别的吧，跟我一起滑冰怎么样？"

自从苗苗开始学滑板，她就听到各种不赞成的声音，大多数都来自她周围的朋友。她的朋友也都有各自的兴趣爱好，但基本上都是音乐、美术、舞蹈之类的，体育运动类的很少，滑板这种极限运动更是只有苗苗一个人喜欢。

"哐"的一声，苗苗又摔倒了。这个动作练很久了，她却还是不熟练。沮丧的她又想起了大家劝她放弃的话。

"可我就是觉得滑板很酷啊……"苗苗无精打采地捡起滑板，坐到花坛边休息发愣。

"嘿……你好，你也喜欢玩儿滑板吗？"苗苗回过神来，一个和她差不多年龄的女孩，抱着滑板站在她面前。

"呃，是的，不过，我玩儿得挺烂的……"苗苗不好意思地说。

"谁说的？我刚才看了你半天，你玩儿得很好，真的！至于你刚才练的那个动作，它本身就很难……"女孩坚定地说。

这之后，苗苗和这个名叫晓菲的女孩成了经常一起玩滑板的好朋友。她们一起练习，相互给对方一些客观的建议，都进步了不少。

有一天，晓菲和苗苗又相约练滑板，可是苗苗一到约定地点，晓菲就注意到她有点儿无精打采。

"怎么了？"晓菲问。

"期中考试成绩不太好，妈妈让我控制一下玩儿滑板的时间……"苗苗说。

"哦……"晓菲低头想了想,"我们每次的练习时间确实不短,你妈妈说得对,确实不能让它影响到学习。"

看苗苗还是皱着眉,晓菲继续说:"没关系的,我们就减少些练习时间,多点儿精力复习功课,就当是休息啦,别为这个不开心。"

就这样,苗苗将重心调整回学习上,而滑板练习也没有中断。她不仅把落下的功课赶了上来,滑板水平也在一点点地提高,这都多亏了晓菲的支持和鼓励。

什么是真正的朋友?你一定有类似这样的体会:有些朋友在你开心的时候能和你玩儿到一起,当你伤心难过时,他们却不会陪在你身边;还有些朋友只想和你一起玩儿,却不愿意和你一起解决难题。在你心里,这些恐怕都不是真正的朋友。

真正的朋友不是那些只能在一起开心玩耍的人,而是在彼此遇到困难时,或者心情低落时,能相互陪伴和鼓励的人。君子交朋友就是这样,他们更看重精神上的交流,吃喝玩乐则是其次。与朋友之间一起学习、切磋才艺,一起解决生活和学习上的难题,才更利于彼此的进步。

朋友之间不要说丧气话，要互相鼓励。

只有互相鼓励才能共同进步。

盲目附和别人，交不到真正的朋友

遇到和朋友意见不合的时候，你通常会怎么做？是一味地附和对方、避免矛盾，还是诚实地表达自己的想法？

吃桉树味的吧，桉树味的最好吃，其他的都不怎么样。

呃……好，那我也要桉树的……

孔子说了什么

子曰:"君子和而不同,小人同而不和。"

——出自《论语·子路》

孔子爷爷说:"品德高尚的人会坚持自己的想法,同时也尊重别人的不同意见,他们之间能做到真正的和谐共处;品德卑劣的人则人云亦云,彼此附和,没有自己的原则,看起来和和气气,实际上根本无法相处。"

豆丁最近认识了一个新朋友。

几周前，豆丁跟着爸爸妈妈去一位叔叔家做客，那位叔叔有个儿子叫浩浩，和豆丁同龄，学习成绩很优秀，客厅橱柜里放着好几座比赛奖杯。豆丁很快和他熟络起来。他看着那些奖杯，对浩浩发自内心地崇拜。再想想自己，有几门功课成绩总是忽上忽下，也没有什么拿得出手的特长，不免有些自卑。

这天浩浩约豆丁一起逛书市，豆丁有点儿受宠若惊。

一进书市大门，浩浩就直奔二楼少儿名著区，选了一本《小王子》看了起来。豆丁原本想上三楼看科幻小说，但是看了看浩浩，犹豫了。

"浩浩会不会觉得看科幻小说是不务正业？算了，不去了……"

豆丁在浩浩旁边坐下，拿起一本《汤姆·索亚历险记》。他之前看过这本书，很喜欢，但还没有看完。

"你看看这本吧，"浩浩说着，递过来一本《老人与海》，"这本书很有意义。我觉得《汤姆·索亚历险记》这种冒险小说挺幼稚的，看了没什么好处。"

豆丁心里纠结道："《汤姆·索亚历险记》就没有意义吗？唉，人家是学霸，也许说得没错呢。"

"哦，你说得对……"豆丁不大情愿地把手里的书放了回去。

傍晚，他们准备回家，豆丁这时才上三楼挑了几本科幻小说，打算买回家看。浩浩翻了翻豆丁的书说："科幻小说好像对学习没什么帮助呀……"

豆丁终于憋不住了。

"谁说没有帮助？"他反驳道，"科幻小说是在科学基础上进行合理想象，读这些小说让我对科学特别感兴趣，我要是以后成了科学家，说不定还得感谢它们的启蒙呢。"

豆丁还讲了一些科幻小说相关的知识，他已经不在乎浩浩会不会因为他的反驳而生气了，他只想说出自己的真实想法。

"你能推荐一些科幻作品吗？我也想看看。"浩浩安静地听完，突然问道。

"嗯？你也有兴趣？"豆丁感到非常意外。

"嗯，听你讲了之后，我发现我之前对科幻小说其实一点儿也不了解。"浩浩诚恳地说。

豆丁心花怒放，没想到，他拒绝盲目附和的做法不仅没让浩浩反感，反而让他们多了一个共同的兴趣爱好。

"好呀！等我一回家就列个单子给你！"

和朋友相处的时候，对一件事的看法不同而产生矛盾也是会发生的。哪怕对方学习很好，懂得很多，也不一定所有想法都是对的，所以无须附和，表达你真正的想法就好。

大多数时候，你和朋友的想法并不存在"谁对谁错"，只是观念不同而已。不要为了讨好别人，或者因为害怕出现矛盾，而盲目地附和别人，这样也交不到真正的朋友，反而会成为大家都不太喜欢的"老好人"。真诚地表达自己的想法，才是交朋友的重要准则。

朋友之间可以有不同意见，不要一味地附和或反对。

哎呀，你为什么扔掉呀？

你一口都没吃呢！

啊！这……我其实一点儿也不喜欢桉树味，也不喜欢海盐味……我吃冰激凌的时候什么都不喜欢加。

那你刚刚为什么不选你喜欢的呢？

是呀，我们只是表达自己的喜好而已啦，不是要求你和我们选一样的。

你们……不生气了吗？

我们根本没有生气呀！

走吧，咱们回去，再买个你喜欢的口味！

请勇敢并诚实地说出自己的意见。

要正确看待对某个人的评论

只要与人打交道,他人就会给予我们这样那样的评价,而我们自然也会评价其他人。那么,如何正确地看待这些评价呢?

> 小动物们都说狐狸是森林里最奸诈的动物,大家都不喜欢他,我也最好离他远点儿,免得被骗。你说呢,獾先生?

> 我觉得传言不可信。而且,人人都讨厌的动物,或许也有他的优点呢。

孔子说了什么

　　子贡问曰:"乡人皆好之,何如?"子曰:"未可也。""乡人皆恶之,何如?"子曰:"未可也。不如乡人之善者好之,其不善者恶之。"

　　——出自《论语·子路》

　　子贡问道:"乡里人都说他好,这个人怎么样?"孔子说:"不行。""乡里人都厌恶他,这个人怎么样?"孔子说:"还不行。最好是乡里的好人都喜欢他,乡里的坏人都厌恶他。"

小美今天回到家，就怒气冲冲地向妈妈吐槽。

"老师居然安排我和然然做同桌，妈妈，那我以后的日子可惨了。"看来小美对这个新同桌十分排斥。

"为什么呀？"

"妈妈，你不知道，很多同学都讨厌然然。我才不要和她当同桌呢。她这个人啊，总是独来独往的，从来不参加集体活动，特别高傲，对谁都爱搭不理的。"

"那你有没有想过，你和然然打过交道吗？你了解她吗？"

"没有啊，我才不要和她打交道呢。"

"那你想想，你都不了解她，你就完全相信其他人对她的评价？"

"她……"小美忍不住回想了一下。老师根据大家的身高分配完新座位后，然然还主动跟她打招呼了，可是因为大家对她的评价不好，自己就没搭理人家。

"妈妈，"小美想了想说，"可能是我错了，分配完座位后她跟我说了'你好'，但是我……"

"你没搭理人家吧？"

"是……"

"这世上人无完人，大家都说一个人好，不代表他没有缺点；有一些人说一个人不好，也不代表他没有优点。所以，要正确看待其他人的评论。一个人到底如何，你要亲自去验证才好得出结论。而且，看人要多看人家的长处，你光盯着人家的缺点，你的评价自然就不好啊。"

"妈妈，你说得对。我今天真是被大家的风言风语误导了，我明天要主动和然然打招呼，好好了解她。"

第二天，小美主动跟然然打了招呼，对方也回了一句"你好"，两人相安无事过了一上午。上数学课时，小美却怎么也找不到她的尺子了。这时，然然拿出一把新的，说："我多一把，给你用吧。"说完就低头做题。

小美十分惊讶，同时也突然意识到，然然其实不是高傲，而是话少，看起来高冷，其实外冷内热。

过了一周后，小美就告诉妈妈，她和然然成了朋友。

每个人的性格不同，处事方式不同，所以同一个人，周围人对他的评价也不尽相同。但是，别人对某个人的评价总归是别人的，我们不能依照其他人的评价就说这个人好或者不好，只有你和对方交往后才能得出相对客观的评价。如孔子爷爷所说，好人都喜欢他，坏人都厌恶他，这个人才能算作好人。

我们在评价别人时，别人也在评价我们，你也自然会听到别人说你好和不好，如果发现自己身上的确有别人说的问题，不妨改掉；如果别人夸奖你，也不要沾沾自喜、骄傲自满才好。

白天鹅真是太棒了！

哈哈哈！小猪，你这是在学白天鹅跳舞吧？你可拉倒吧。

小猪，我觉得不是谁都适合跳舞的，你应该找一件你擅长的事情做一做。

他人对自己的评价并不代表一定就是正确的，要学会分辨。

小猪，你虽然学会了芭蕾舞的基本动作，可是你这身材……实在不够优雅，我觉得你还是放弃吧。

妈妈，我是不是该学点儿别的什么？我好不容易学会了一个动作，他们却说我没有白天鹅优雅，四不像……

那妈妈问你，你喜欢学芭蕾舞吗？

喜欢！

既然喜欢跳舞，你又刚刚掌握了窍门，何必在意其他人如何评价呢？

妈妈，你说得对！我给你表演一个我新学的动作吧！

做自己开心的事，不要太在意他人的评价。

169

当别人对你不好时，要客观地分析原因

当别人对我们好的时候，我们以善意回报对方。当别人对我们不好时，又该如何对待呢？需要先客观地分析原因，再采取恰当的行动。

那只讨厌的臭鼬，昨天竟然放屁熏我，我再也不理他了！

他为什么放屁熏你啊？还不是因为你非要揪他的毛！

孔子说了什么

或曰:"以德报怨,何如?"子曰:"何以报德?以直报怨,以德报德。"

——出自《论语·宪问》

有人说:"用恩德来回报怨恨,怎么样?"孔子说:"那用什么来回报恩德呢?应该用正直来回报怨恨,用恩德来回报恩德。"

"哼！"苗苗气哼哼地向表姐吐槽她的好朋友嘉嘉，"表姐，你不知道，嘉嘉简直太讨厌了，我再也不跟她好了。"

"嘉嘉怎么惹你了啊？你们俩不是关系挺好的吗？"表姐美宝正在玩儿手机，漫不经心地说道。

"她是个小气鬼，爱记仇，还喜欢搞冷战！"

表姐忍不住抬头看了一眼苗苗。苗苗还是一副气鼓鼓的样子，看来两个好朋友闹了别扭。

"这么多缺点啊。你就没有惹她不高兴？"

"表姐，你站在哪一边啊？"苗苗嘟着嘴看了一眼表姐后，说道，"好吧，可能是吧。就前几天嘛，我拿了一个玩具小蛇吓唬她，把她给吓哭了……"

"嘿，"表姐放下手机，"你这个小淘气包，怪不得嘉嘉跟你生气。我要是嘉嘉，我也生气。"

"可是，我哄她了啊。我拿着假蛇给她解释，它就是塑料做的，一点儿也不吓人。结果，她根本不听我说，就跑了，从那以后，见到我就躲。"

"你呀你，"表姐点了点苗苗的脑门，"你还说人家嘉嘉讨厌，我看讨厌的是你。嘉嘉本来就被你吓哭了，肯定是害怕蛇，管它真的假的，肯定都害怕。你倒好，还直愣愣地拿着假蛇跟人家解释，人家能不被吓跑吗？"

"我……"苗苗有些心虚了。

"你恶作剧把人家吓哭了，就应该第一时间好好道歉。如果解释完，

嘉嘉还是害怕，那就再也不要拿出那条塑料蛇了，知不知道？"

"哦……"苗苗说，"我当时没想那么多嘛。"

"当时没想那么多，事后也不能埋怨人家啊。嘉嘉躲着你自然是怕你冷不丁又拿出个什么怪东西吓唬她啊。"

"那我不会了嘛。"

"那你跟我说有什么用啊？你得去和嘉嘉说，好好跟人家道歉，知不知道？"表姐美宝又戳了戳苗苗的脸蛋。

苗苗拍掉表姐的手说："知道了，表姐。"

第二天午休时，苗苗主动找到嘉嘉，认认真真道了歉，好在嘉嘉也消了气，两个好朋友终于和好如初了。

别人对我们好的时候，我们也会好好报答对方，这是大人和孩子都知晓的道理。不过，当别人对我们不好的时候，要如何处理呢？

首先要分析一下他们为什么对你不好，如果是你的问题，就好好修正自己身上的毛病；如果是误会，就解释清楚；如果是对方的问题，我们也没必要以德报怨，更没必要委屈自己去讨好对方，理性对待，该如何处理就如何处理。

咕咕喵——
咕咕喵——

啊啊啊！这该死的夜猫子，还让不让人睡觉了！

咕咕喵——

咕咕喵——

我说猫头鹰，你简直吵死了！

我吵？是谁白天趁我睡觉的时候，故意上蹿下跳，吵得我睡不好觉！

别人对自己不好有没有可能是自己不对在先呢？

搞清楚原因后，解决起来就方便了。

不要苛求他人、宽待自己

只要与人交往，就会有意见不合的时候，也难免会产生矛盾和埋怨。这时候该如何处理呢？办法就是——严于律己，宽以待人。

都怪你，要不是你老说错，今年的相声比赛，冠军一定是我们的！

怎么能光说我呢？就是因为你太紧张，老是接不上我的话，才导致我注意力分散，卡壳了几次。

孔子说了什么

子曰:"躬自厚而薄责于人,则远怨矣。"

——出自《论语·卫灵公》

孔子爷爷的意思是:"严厉地责备自己而宽容地对待别人,就可以远离别人的怨恨了。"其中,"躬自厚而薄责于人",可以理解为"严于律己,宽以待人"。

今天轮到桐桐所在的小组打扫教室卫生。小组长是晓飞，他分配好任务后，大家就各自干了起来。

但没过一会儿，就听晓飞用批评的语气说道："天天，你动作太慢了，快点儿。"

"我这不是干着呢吗，你别催我。"天天手上的动作没停，不过有点儿不高兴。

"别着急，还有我呢，"小昊也过来帮忙，"大家一起干。"

桐桐也过来帮天天和小昊一起收拾桌椅、扫地，大家一起干，速度很快。扫完地，桐桐几个人又一起收拾了书架等地方。

轮到晓飞拖地时，他突然看到地上还有几片小纸屑，忍不住嚷嚷道："天天、桐桐，你们这是怎么扫的地，这地上还有纸屑呢！"

听到这话，桐桐就去拿扫把。"可能是漏掉了，"桐桐说，"我再扫……"桐桐话音未落，险些摔倒在地。

"小心！"跟在桐桐后面的小昊及时伸手拉住了眼看要滑倒的桐桐，不过桐桐的手臂还是撞了一下桌角。

这时，天天忍不住大声冲晓飞喊道："就知道批评别人！你看看你怎么拖的地？这地上到处是水，滑倒了怎么办？"

"你干吗冲我嚷嚷？就你磨磨蹭蹭的，地也没扫干净。"

"我没扫干净？"天天越说越生气，"还不是你在那儿催催催的？自己干不好，还老说别人……"

"停停停。"就在这时，班主任王老师走了进来，"你们这是在干什么？我在走廊里都听见你们吵架了。"

王老师看到桐桐在揉手臂,赶紧问她是不是受伤了,桐桐解释说没什么,只是磕了一下桌角,还把刚刚发生的事情说了一遍。

王老师看着晓飞说道:"晓飞,你是小组长,应该起到带头作用,帮大家一起干活儿,而不是光想着催别人、监督别人。"

晓飞在看到桐桐差点儿摔倒时其实就有点儿后悔了,他是太过着急了,听到老师的批评,也很难为情,低着头说道:"我知道了,王老师。"

王老师点点头,看着晓飞和其他几个同学继续说道:"大家都是同学,永远要想着互相帮助!为一点儿小事争执多没意思,而且,遇到问题要多做自我批评,别总盯着别人的错不放。"

一场风波就这样过去了。这之后晓飞开始尝试着不抱怨、主动帮大家的忙。

只要与人交往,就会遇到意见不合的时候。面对这种情况,孔子爷爷向来主张主动地承担责任,不能一味地指责对方,而是应该多做自我批评,多从自己身上寻找原因,这其实也是我们常说的"严于律己,宽以待人"。只有做到这一点,我们才能不断修正自我,完善自我,与周围的人建立良好的人际关系。

产生矛盾的时候,不能只看到别人的错误,却不看见自己的。

这一届比赛的冠军是……

完了，完了……

都怪你，夜莺！

怪我？都怪你慢吞吞的，害我抢拍子！

你自己忘词你怪我？你还嘲笑人家乌鸦！好好反省一下吧！

你们俩别吵了！演出出了点儿状况，难道不是应该多从自己身上找原因吗？光知道埋怨别人！

要学会反思，对朋友多几分宽容，朋友之间才能相处融洽。

自己不喜欢的，也不要施加给别人

"己所不欲，勿施于人"，意为：自己不喜欢的，也不要施加给别人。这句话流传了两千多年，不过，至今我们还常常在人际交往中犯"施于人"的错误。

你整天在树上荡秋千，就不能安安静静地待会儿吗？

那你为什么干涉我的自由呢？

孔子说了什么

子贡问曰:"有一言而可以终身行之者乎?"子曰:"其恕乎!己所不欲,勿施于人。"

——出自《论语·卫灵公》

子贡问他的老师孔子:"有一个可以终身奉行的字吗?"孔子回答说:"大概是'恕'吧!自己不想要的,也不要施加给别人。"

闹钟还没响，小美就醒了过来，她一看闹钟，还没到七点。不过，今天很重要，要早点儿起床。

小美起床后，迅速洗漱，换上一身运动装，书包里也装满了零食和水。小美这是要干吗？

原来，今天是星期天。爸爸妈妈答应了小美要带她去游乐园。

吃完早饭，小美立刻把书包背上，运动鞋穿好，就等着出发了。

"妈妈，"小美妈妈回房间换衣服去了，小美着急，忍不住催促道，"妈妈，你快点儿。"

"快了，五分钟！"妈妈的声音从房间里传出来。

奶奶在洗碗，爸爸已经去车库取车了。

小美等了一会儿，又忍不住催促道："妈妈，你快点儿！太晚去，游乐园人就多了。"

"快了，快了，马上！"妈妈的声音听起来也很着急。

终于换好衣服后，小美妈妈走出房间，她蹲在小美面前说："小美，你知道吗？当你反复催妈妈的时候，妈妈感到很不舒服。原本吃完饭换衣服出门是固定流程，用不了多长时间，被你这么一催，我就会手忙脚乱，感觉特别焦虑、着急。所以，请你以后不要用这样的方式反复催妈妈，好吗？"

"可是，妈妈，爸爸和奶奶平时也是一遍一遍催我的啊，快点儿起床，快点儿吃饭，要迟到了……"小美有点儿委屈。

"你看，你也不喜欢被别人反复催，对不对？那小美，将心比心，你是不是也不能反复催别人？"

"是……"小美点点头。

"正确的做法是对别人多点儿耐心,时间可控的时候,不要反复催对方;自己的事情按时做完,尤其是早晨起床、吃饭,每天都是一样的流程,不要磨蹭,让爸爸和奶奶反复催你。"

"妈妈,我知道了。不过……"小美看了看门口,她心里还惦记着立刻去游乐园。

"好好好,出发!"

当你催促别人的时候,有没有想过对方的感受?当别人催促你的时候,你的感受又是怎样的?如果你不希望别人因为一点儿小事反复催促你,那么你也应该学会提高效率,做事不要磨磨蹭蹭,而不是反过来,你催我,我也催你。

与人相处,我们需要多一点儿同理心,也就是孔子爷爷说的"己所不欲,勿施于人"。这句话的核心思想是推己及人。理解了推己及人,就是懂得了换位思考,如此一来,很多日常生活中的小矛盾也就迎刃而解了。

同理心就是会考虑对方的感受。

你不喜欢的事情别人也不会喜欢。